최재형의 정치철학

골프보다 탁구를 좋아하는 남자!

데이빗김 지음

까미남 리더십	섬김의 리더십	사랑의 리더십	소망의 리더십
까도가도 미담만 나오는 남자	절친 강명훈변호사	사랑에서 나오는 힘	21세기의 다윗

아내 이소연권사, 2남 2녀의 자녀, 절친 강명훈 변호사 등의 생생한 증언

예감

최재형의 정치철학

초 판 1 쇄 | 2021년 8월 5일
초 판 3 쇄 | 2021년 8월 13일

지 은 이 | 데이빗 김
펴 낸 이 | 이규종
펴 낸 곳 | 예감출판
　　　　　　 경기도 고양시 덕양구 호국로 627번길 145-15
전　　화 | (031) 962-8008
팩　　스 | (031) 962-8889
홈 페 이 지 | www.elman.kr
메　　일 | elman1985@hanmail.net
등　　록 | 제2015-000130호

I S B N | 979-11-89083-75-5 03300
정　　가 | 14,800원

이 책 내용의 일부 또는 전부를 재사용 하려면 반드시 저작권자와
예감출판사 양측의 동의를 얻어야 합니다.

까 미 남

까고 까도 미담만 나오는 남자

이 시대가 요구하는 남자!

대한민국은 왜 최재형을 부르는가?

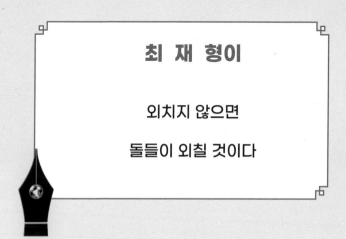

최 재 형이

외치지 않으면

돌들이 외칠 것이다

▶▶ 아내 이소연과 두 딸, 그리고 첫째 아들을 입양하고 너무 행복해 하는 남자.
사랑할 줄 을 아는 남자!
사람을 제대로 아는 최재형!

▶▶삶 자체가 봉사인 남자!
　　나를 찾는 곳!
　　나를 필요로 하는 곳!
　　내가 있어야 할 곳을 제대로 아는 최재형!

▶▶ 제대로 한번 멋을 낸 최재형!
　아내 이소연과 두 아들과 함께 제대로 즐기는 최재형!

▶▶ 상대방의 필요를 아는 남자!
  작은 아들과 함께 바람개비를 만들어서 즐기며 놀아주는
  인간미 넘치는 최재형!

프롤로그

'정치철학(政治哲學)'의 사전적 의미는 시민과 국가, 평등과 자유, 법과 정의 등의 본질과 필요성, 정부의 합법성의 근원, 정치와 윤리와의 관계, 전쟁과 평화, 정치란 무엇인가 등에 대한 근원적인 물음에 관한 학문이며, 정치학의 한 분과이고 철학적인 차원에서 논의되는 분야이다.[1]

이 분야가 속한 학문은 사회학일 것이다. 조금 더 세분하여 경제학이나 경영학 등도 이 분야에 속할 수 있을 것이다. 정치철학의 주요 관심사는 원래 재산권의 정의와 생산수단에 대한 접근의 통제, 분배와 처벌에 있어서의 정의, 법적 판결을 도출하는 진실과 증거에 관한 규칙 등을 다룬다고 되어 있다.

그런데 지금은 정치철학이 이념이나 좌·우 진영의 구분을 위해 쓰이고 있는 듯하다. 동양에서도 정치철학적 전통이 있다. 이 분야가 발달된 배경은 동양의 문화와 전통이 오랫동안 유교적 성리학과 관습에 의해 축적되어 왔기 때문이다. 그리고 동양적 정치철학이란 정치윤리학에 초점이 맞추어져 있기에 정치지도자의 도덕적 덕목에 우선 관심을 두는 경향이 있었다. 그래서 정치와 도덕을 동일시하는 관념적 정치철학이 뿌리를 내렸다.

---

1) 위키백과 「정치철학이란 무엇인가?」항목.

대한민국의 정치지도자를 평가할 때에 개인의 정치적 능력이나 자질보다는 개인의 도덕성에 더 비중은 두는 것도 이러한 정치윤리학적 관념이 오랜 세월 사회관념 속에 폭넓게 퍼져 있기 때문이라 여겨진다. 누군가의 정치철학을 엿본다는 것은 결국 그의 인물됨과 도덕성을 검증해보자는 것이다.

그런 측면에서 그 정치철학을 엿보고 싶은 한 인물이 여기에 있다. 그의 이름은 최재형, 대한민국 전 감사원장이다. 최재형 감사원장에 대해 갑자기 그의 정치적 철학을 살펴보려는 이유는 이 시대가 그의 등판을 요구하고 있기 때문이다.

2021년 6월 들어 여기저기서 그의 대선 출마를 기정사실화하며 한시라도 빨리 대권 레이스에 등판해주기를 재촉하고 있다. '아무리 바빠도 바늘허리 꿰어 못 쓴다'고, 검증없이 후보자 군(群)에 들어갈 수는 없을 것이다.

현재 대한민국의 정치 현실은 더불어민주당이 집권한 이래 하루라도 잠잠할 날이 없었다. 정치권이 국민들에게 위안과 희망을 주어야 할 텐데, 어찌된 일인지 국민들이 정치권을 걱정하고 청와대를 근심의 눈으로 바라보고 있다. 국민을 걱정하게 만드는 정치를 어찌 정치라 말할 수 있겠는가.

문재인 정부의 출범 이후 많은 국민들은 분노와 좌절감 속에 세월을 보냈다. 경제는 무너지고 장기화하며 확산되어 온 '코로나19' 사태로 말미암아 대부분의 정치 활동들이 위축되거나 중단되고 말았다. 그런 찰나에 항상 그렇듯이 자천타천으로 대권에 도전하겠다는 인사들이 꿈틀대고 있다. 우리는 이들을 잠룡이라고 부른다. 지나온 시절을 되돌아보면 한때 이 나라엔 잠룡들이 12명이 넘을 때가 있었다. 모르긴 해도 이번 20대 대선에도 잠룡이 그 정도는 되지 않을까 한다. 그러나 과연 이들에게 나라의 5년 아니 어쩌면 그보다 더 긴 10년의 미래를 맡길 수 있을까를 물어본다면, 대답은 글쎄다.

일단 현재까지 도드라지게 눈에 띄는 야권의 두 잠룡은 윤석열 전 검찰총장과 최재형 전 감사원장이다. 이 두 분은 다 법조 출신, 우리가 흔히 말하는 율사(律士) 출신이다. 율사 출신들이 가진 한계점이 분명히 존재하지만, 권력이라는 것을 가장 피부로 느끼고 사용해 본 적이 있기에 정치 권력도 충분히 이끌 수 있을 것으로 믿고 우선 이 두 분에게 기대를 거는 국민들의 마음은 절박하다.

윤석열 전 총장과 최재형 감사원장 중에 누가 더 대통령이 될 가능성이 높고, 더 적합한지는 알 수 없다. 하지만 두 분을 찬찬히 비교해 가면서 최재형 원장에게 기대를 가지는 마음으로 그의 정치철학을 중심으로 이야기를 풀어 가보자 한다. 시간 관계상 직접 만나 심층취재를 한 것이 아니라 언론과 그동안 보여 온 자료와 흔적들을 가지고 추측하여 최재형 원장의 정치철학만을 중심으로 추리하는 것이므로 섣부른 단정이나 결론으로 삼지는 말아주시기를 바란다.

위기의 대한민국, 그 어느 때보다 나라를 지켜낼 위인이 필요한 때, 필자의 생각과 판단이 적중하여 우리가 생각하고 원하고 바라던 그 대통령이 나올 수 있다면 이 무더운 여름 장문의 글을 쓰기 위하여 전전긍긍하던 나의 시름이 위로를 받을 것 같다.

2021년 7월

풍영 가득한 세종에서

데이빗 김

목 차

3부. 최재형의 철학을 만들라 / 187

1부

최재형 시대의
정치와 철학

1. 정치철학의 정의

『조국백서』 김민웅의 도발적 질문

2020년 그 혼란의 정국을 만든 주범! 조국에 대한 백서(?)를 만든다는 기사가 떴다. 김어준을 중심으로 한 그들이 조국의 법무장관 낙마와 일련의 사태에 대한 변명의 차원에서 『조국백서』를 발간했다. 이 책은 준비단계에서부터 물의를 빚었는데, 그 이유는 발간비용을 3억으로 잡고 많은 사람들에게 출판을 위한 모금을 했기 때문이다. 이 논란의 중심에는 김민웅 교수가 있다. 그런 그가 뜬금없이 최재형 원장에 대해 아는 척을 하며, "내 벗 최재형, 대선 직행이 자네 철학과 맞나?"라는 도발적 질문을 했다. 마치 자신이 아주 최재형의 절친인 것처럼 말이다. 많은 이들이 의아해한 것은 그가 김어준, 조국 등과 궤를

같이하는 저쪽 사람들인 것을 다 아는데, 최재형 원장의 출마가 기정사실화 되는 이 시점에 왜 이런 이야기를 언론에 내뱉는가 하는 것이다. 우선 그의 이야기를 들어보자. 아래는 기사를 정리한 것이다.

> 김민웅 경희대 미래문명원 교수가 19일 초등학교 동창인 최재형 감사원장을 향해 "감사원장 현직을 가지고 대선을 생각하고 있다면 그건 감사원장이라는 위치를 발판 삼아 하겠다는 것"이라며 "자네 자신과 자네를 진정 아끼는 이들에게 슬픈 일 아니겠나"라고 했다.

『조국백서』 추진위원장을 맡았던 김민웅 교수는 이날 자신의 페이스북에 "남산 초등 시절의 벗이, 훌륭한 인격을 가진 최재형을 아끼는 마음에" 쓴다면서 공개편지를 올렸다고 밝히면서 김동하 기자는, 먼저 이 글이 김 교수의 페이스북에서 얻은 글임을 밝혔다.[1] 김동하 기자가 밝힌 글을 좀더 인용해 본다.

「김 교수는 최 원장이 최근 '대선 출마설'을 부인하지 않은 것에 대해 "입장을 달리해서 감사원장의 정치적 중립이라는 공

---

[1] 김동하 기자 입력 2021.06.20. 13:26 ")조국백서추진위원장을 맡았던 김민웅 경희대 미래문명원 교수. /페이스북".

적 가치를 훼손한 사람이 대선에 나가 국가 지도자로 나서겠다고 한다면 자네는 그런 사람을 어떻게 보게 될까"라고 했다. 최원장은 지난 18일 국회 법제사법위원회에 출석해 최강욱 열린민주당 의원이 '대선 출마 얘기가 나온다'고 묻자 "제 생각을 정리해 조만간 (말하겠다)"이라고 말했다.

여기서 김민웅 교수는 이미 단정적으로 최재형 원장이 공적 가치를 훼손한 사람이라고 못을 박아 버린다. 과연 현 공직에 있는 인사가 사임서를 제출하고 공직선거에 출마하는 것이 공적 가치를 훼손한 것이 맞는가. 김 교수가 조국을 변호한답시고, 국민적 공분을 사고 있는 조국에 대한 변호와 3억 원이라는 조금액, 그리고 출판에 따른 인세 수입을 선명하게 밝히겠다는 약속을 현재까지도 지키지 않은 상태에서 폴리페서 아니랄까 봐, 공적 가치 운운하는 것은 어불성설이 아닌가 하는 생각이 들었다.

철학의 문제

김민웅 교수는 "이런 답변이 재형이 자네 철학과 과연 맞는 것이었을까"라며 "엄격한 정치적 중립의 자리에 있어야 할 감사원장이 대선으로 직행한다면, 그간의 감사원장으로서 해온 일들은 당연히 의혹의 대상이 되지 않을까"라고 했다. 또 "(문재인) 대통령이 걸었던 기대를 이런 식으로 저버리는 것에 대한 자기모순은 없을까"라고 하면서 그의 페이스북에서 문제제기를 하고 있다.

기자의 이러한 페이스북 전언(傳言)에는 일말 김 교수의 의견에 동의한다는 의미가 다분히 묻어 있다고 느껴진다. 그는 이미 문재인 대통령의 복심이 되어 "문재인 대통령이 걸었던 기대"라는 대통령의 의중까지 내비치고 있다. 이것만으로도 그는 이미 현 여권의 입장에서 최재형 원장의 출마를 막는 것으로 보인다. 김 교수가 진정 최 원장의 죽마고우라면, 소신 있게 원전(原電)의 조기 폐쇄를 불법적인 방법으로 밀어붙였던 소신 있는 최 원장을 그때 응원했어야 한다. 그런데 뜬금없이 본인이 자천으로 출마하겠다고 정식으로 선언하지도 않은 시점에 마치 쐐기라도 박듯이 "그것이 자네의 철학인가?"라고 묻는 것은 참으로 도리가 아닌 일이다. 본인이 언론의 관심을 받고 싶어 하는 관종이든, 아니면, 이참에 정권 말기라 할지라도 문재인의 눈에 들어 어디 한 자리라도 얻을 생각인지 참으로 한심한 발언이 아닐 수 없는 것이다. 또 김 교수는 감사원이 조희연 서울시 교육감의 해직교사 부당 특별채용 의혹을 고발한 것에 대해 "조 교육감이 공수처 수사대상이 되는데 자네가 일조한 것을 보면서 내가 어떤 충격을 받았는지 짐작은 할 수 있을까"라며

"칭찬받아야 하고 사회적 모범사례로 부각되어야 하는 조 교육감 조치를 자네는 순식간에 지탄의 대상처럼 만들어버리고 말았기 때문일세"라고 했다. 참으로 기가 막힌다. 조희연 교육감은 전교조를 위해 교육감으로서 해야 할 일 이상의 일을 한 사람이다. 그럼에도 불구하고 김 교수는 "자네가 조 교육감에게 한 행위는 평생 우리 사회의 민주주의와 진보를 위해 살아온 한 지식인의 명예를 심각하게 훼손했을 뿐만 아니라, 해직되었다가 새 역할을 갖게 된 교사들의 삶에도 커다란 상처를 준 것"이라고 하면서 마치 전교조 전 교원들이 민주주의와 진보의 아이콘인 것처럼 믿는 자신의 좌편향적 철학만을 드러내고 말았다.

이어서 그는 한마디 더 한다. "자네가 대선 출마용으로 진보 교육감에 대한 정치적 공격을 미리 준비했구나라고 생각하게 되었다네"라며 조희연 교육감에 대한 감사 착수를 대선 출마 준비용이라고, 즉 정치적 꼼수라고 단정하고 있는 것이다. 결론적으로 김 교수는 말한다. "공수처는 촛불 시민들이 검찰개혁을 목표로 어렵게 이룩한 성과인데 이런 결과를 보면서 너무나 당혹하고 있다네"라고 했다. 한 마디로 나는 "자네가 대선 출마하는 것이 배가 아프네, 그리고 백번 양보해도 자네는 깜(?)이 안 되네. 어디까지나 이것은 내 생각일세"라는 소리로밖에 들리지 않는다. 그러면서 식자(識者)랍시고 시편 1편 구절을 비틀어 "식혜 위에 동동 뜬 밥풀 같은 시류에 들뜨다가 잎이 시든

상수리나무가 되거나 바람에 흩날리는 겨처럼 되지는 않기를 바라네"라고 했다.

진보적인 민주주의자의 철학

김민웅 교수는 이 글에서 세 가지를 드러내고 싶었다.

첫째, 자신은 진보적이며 민주주의적인 깨끗한 지식인이다.

둘째, 나는 대권 주자로 거론되고 있는 최재형의 친한 친구로 나도 같은 급이라고 할 수 있다.

셋째, 나는 친문이면서 김어준과 같은 레벨이며, 적어도 조국을 변호할 만큼 현 정권과 가깝다.

그런 차원에서 그는 페이스북 말미에 이런 사족(蛇足)을 붙인다. "검찰총장을 지낸 자가 보이고 있는 행태를 보게나. 자신의 삶을 추락시키고 있을 뿐만 아니라 자신이 몸담았던 조직의 명예를 여지없이 무너뜨리고 있지 않은가? 좋게 보이던가?"

세상 사람들은 이런 논조를 이렇게 빗댄다. '혼자 북 치고 장구 치고 있네.'라고, 한 마디로 '내로남불'이다. 그렇다면 진보적이면서 민주적이라고 말하는 김 교수의 최근 행적을 살펴볼까?

지난 2020년 12월 24일 서울신문에 실렸던 기사이다.[2] 제

---

2) 여가부 장관 후보자 "2차 가해이자 처벌 대상" 손편지와 실명 공개 논란은 이날 서울신문. 신진호. 2020.12.24

목은 "피해자가 쓴 편지 공개하며 실명 노출했다 삭제" 무슨 내용이냐 하면, 조국백서추진위원장을 맡은 바 있는 김민웅 경희대 미래문명원 교수가 고 박원순 전 서울시장을 성추행 혐의로 고소한 피해자 실명을 한때 자신의 SNS에 공개해 '2차 가해' 논란이 되었다고 기사를 올린 것이다. 기자는 이렇게 전하고 있다. 피해자 측은 실명을 공개한 행위에 대해 형사고소할 것이라고 밝혔다면서. "성추행 주장한 여성이 쓴 편지"라면서 김민웅 교수가 12월 23일 자신의 페이스북에 '박원순 시장 비서의 손편지'라는 제목의 글을 올렸다는 것이다. 그러면서 그는 "4년간 지속적인 성추행 괴롭힘을 당해 왔다고 주장한 여성이 쓴 편지인데 어떻게 읽히느냐"고 적었다. 손편지에는 박원순 전 시장의 생일을 축하한다는 내용 등이 담겨 있다고 말이다. 이어서 김민웅 교수는 "여당의 장관 후보자들은 박원순 전 시장 관련 사건을 '권력형 성범죄'라고 규정했다"며 "시민 여러분의 판단을 기대해 본다"고 말했다. 김민웅 교수가 처음 올린 손편지 사진에는 피해자의 실명이 그대로 노출돼 있었으나 이후 이름이 보이지 않게 지웠다. 기자는 피해자가 쓴 편지를 SNS를 통해 공개한 사람은 김민웅 교수만이 아니라고 쓰고 있다. 민경국 전 서울시 인사기획비서관도 같은 날 자신의 페이스북에 피해자가 쓴 손편지를 공개했다는 것이다. 민경국 전 비서관은 "이 게시물을 보시는 분들께 꼭 말씀드리고 싶다. 잊으면 잊어

버리게 된다"고 밝히면서 그는 이 편지들을 경찰과 국가인권위원회에 제출했다고까지 밝혔다. 이 글을 보면서 피해자 측 김재련 변호사는 한마디로 "형사고소 예정"이라고 강경하게 밝혔다. 이 논란은 즉각 국회까지 올라가 여성가족부 장관 인사청문회에서도 거론되었다. 이에 대해 정영애 여가부 장관 후보자는 인사청문회에서 이 같은 편지와 실명 공개에 대해 '2차 가해이자 처벌 대상'이라는 입장을 분명히 밝혔다. 김민웅 교수는 무리하게 진보좌파 시장으로 정평이 나 있는 박원순을 변호하기 위하여 저들이 말하는 '성폭력 피해호소인(?)'의 실명과 손편지까지 공개하는 무리수를 둔 것이다. 인사청문회에서 정영애 후보자는 "성폭력범죄의 처벌 등에 관한 특례법 제24조 2항을 들먹이면서 실명을 밝히고, 또 피해자를 특정해 인적 사항을 파악할 수 있게 한다든지, 피해자의 동의를 받지 않고 그와 관련된 정보를 제공하는 것은 처벌법 적용 대상"이라며 "다시 말하면 2차 가해에 해당한다"고 분명히 밝혔다. 국회 인사청문회에서 강경한 입장이 밝혀지자 김민웅 교수는 즉각 꼬리를 내리고 "즉시 실명 비공개…요청하면 사과하겠다"고 하는 비겁한 행동을 보였다. 과연 최재형 원장의 철학을 운운하는 그 비판자의 철학이 어떠한지 확인해 보게 되는 대목이다. 최 원장의 정치적 행보에 대해 민감하게 반응하며 진보 지식인들의 명예 운운하는 분이 '박원순 비서 손편지 공개 사건'이라는 제목의 글을 올려 "실명 노출은 의도치 않은 과정상 기술적 착오였다"면서 "게시 즉시 곧바로 실명을 가렸다"고 해명하는 모습을 보인 것은 그분에게는 최재형 원장의 정치적 행보에 대해 비판할 자격이 없다는 것을 보여준다. 그러면서도 "이걸 문제 삼아 정작 내용의 논의를 막으면 안 된다. 사과를 요청한다면 당연히 할 수 있다"고 말해 많은 의식 있는 시민들의 분노를 샀다.

조국백서추진위원회와 김민웅

조국백서추진위원회가 일명 '조국백서'라 불리는 책을 쓰겠다고 김어준의 팟캐스트를 통해서 알리자 '검찰개혁과 촛불 시민 후원금' 3억 원이 모금되었다. 그런데 이의 모금액수가 과다하고 사용처도 불분명하다는 여론이 들끓자 김민웅 교수는 자신의 페이스북에 "악의적 공격에 대한 법적 책임을 묻겠다"고 밝혀 한때 물의가 일기도 했다. 추진위 위원장을 맡고있는 김민웅 교수는 2020년 8월 26일 머니투데이 기사에 "책에 대한 비방과 모독이 계속되고 있다"며 "사기 운운에 대한 법적 조처를 취할 것"이라는 페이스북의 내용을 옮긴 기사가 실림으로 많은 대중들이 알게 되었다.[3]

---

3) "3억 어쨌나" 논란에 조국백서 측 "소송대비금…허위사실 법적 대응" 머니투데이, 구단비. 2020.08.26.

백서 제작에 지나치게 많은 돈을 모았다며 '조국 팔이'라고 비판이 나오고 있다.

조국 지지자인 공지영 소설가는 10일 자신의 페이스북에 "조국백서 발간하는 데 무슨 3억 원이 필요하냐"며 "진보 팔이 장사라는 비판이 일어나는 데 대해 해명해 달라"고 요구했다. 그는 "일반적으로 출판사가 1000부 기준으로 투자하는 비용은 약 1000만 원"이라며 "3억이면 책 30종류의 책을 총 3만 부 찍을 수 있다"고 지적했다.

'문재인과 동행' 카페 회원들도 '조국 장관 팔아서 책 팔아먹으려고', '지키지도 못해 놓고 무슨 백서를 내나', '속 보이는 정치꾼들' 등 비난의 목소리를 냈다.

진중권 전 동양대 교수는 13일 "그들이 저렇게 대중을 세뇌시키는 데에 열중하는 것은, 세뇌된 대중은 등쳐먹기가 쉽기 때문일 것이다. 호구 중의 상 호구. 자기 피 빨리는 줄도 모르고 헤~ 하고 황홀경에 빠져드는… 공지영은 이제야 조금 감이 잡힌 모양"이라고 페이스북에 적었다.

이어 "우리 같은 책쟁이들은 척 보면 안다. 저거 사기라는 거. 대중은 책 한 권 만드는 데에 얼마 드는지 모른다. 예를 들면 치매 노인에게 변기 뚫어주고 청구서에 1억이라 적는 것을 생각하시면 된다"고 비판했다.

— 동아일보 2020. 01. 14. 기사 중

김민웅 교수는 문제가 불거지자 해명성 글을 올렸다. "조국백서는 투명하게 후원금을 관리한다"며 "추진위는 '사전구매' 형식의 후원금을 받아 책이 출간되자마자 후원자에게 책을 가장 먼저 배송했다"고 설명을 했다. 그러면서 "백서 출간 이후 소송 대비 등 목적으로 책값보다 조금 넉넉한 후원을 요청드렸고, 이를 사전에 알렸으며 이에 동의하시는 분들이 참여해주신 것"이라며 "추후 백서추진위 사업을 마치고 남은 후원금과 수익금은 공익단체 기부 등 투명하게 집행할 것을 이미 약속했고 지킬 것"이라고 설명했다.

'조국백서' 발간이 추진되자 이번엔 우파진영에서 '조국흑서'로 불리는 책인 『한 번도 경험해보지 못한 나라』의 공동저자인 진중권 전 동양대 교수가 날 선 비판의 글을 자신의 페이스북에 올렸다.[4]

(우리는) "책 만드는 데 비용 달랑 500만 원 들었다." 전형적인

---

4) 조국백서추진위원회가 최근 '조국백서' 제작을 위해 모금한 금액 3억 원이 지나치게 크다는 논란이 이어지고 있다. '검찰과 언론의 조국 죽이기'에 대응하겠다며 백서 발간에 나선 "조국백서추진위원회"는 지난 11일 "예상치 못한 뜨거운 참여로 나흘 만에 모금을 마감하게 됐다"고 밝혔다. 8일 '크라우드펀딩'으로 모금을 시작한지 나흘만에 목표 금액 3억 원을 채운 것이다. 조국백서 추진은 김민웅 경희대학교 교수가 위원장을, 최민희 전 더불어민주당 의원이 집행위원장을 맡았다. 후원회장은 라디오 진행자 김어준 씨다. 집필에는 역사학자 전우용 씨와 김유진 민주언론시민연합 이사 등이 참여한다. (동아일보 2020.01.14.,)

좌파들의 빙 뜯기라는 식으로 말하기도 했던 진 교수는 "조국 백서 팀은 3억 원의 돈이 대체 어디에 쓰였냐"고 비판했다. 이에 대해 발끈한 김민웅 교수는 이러한 비판에 대해서 법적 대응을 하겠다고 밝혔다. 그 이유는 "후원자도 아닌 진 아무개에게 답해줄 이유가 없다"며 "이것은 나설 자격도 없는 자의 비방에 불과"하기 때문에 자신에 대한 비방이라고 반박하기도 했다. 김 교수는 "(우리) 추진위는 후원금 내용과 처리에 투명하고, 사업 종료와 함께 취할 조치에 대해 처음부터 밝힌 바 있다"고 말하면서 "후원인들을 모독하고 추진위의 명예를 훼손"한 것에 대해선 특히 "'사기'라고 단정하는 부분에 대해선 응분의 대가를 반드시 치르게 될 것"이라고 밝혔다.

2. 정치와 철학

1억6천 기부로 끝난 소동

진중권의 페이스북으로 불거진 조국백서추진위원회의 3억 모금 문제는 해를 넘긴 4월에 이르러 김민웅 교수가 '인세 1억 6,600만 원'을 '사랑의 열매' 재단에 기부함으로 일단락을 맺는 것처럼 보였다. '조국백서' 측에선 '검찰개혁과 촛불시민'의 책 판매 인세 수익금 중 일부를 사회복지공동모금회에 기탁하여 결식아동을 지원하는 것으로 기사가 나왔다.[5] 김민웅 교수는 인세 수입 액수가 드러날 경우 "앞으로도 기부하여 촛불 시민들의 마음이 전해지길 바란다." 4월 30일 서울 중구 '사랑의 열매' 회관에서 기부금 전달식을 연 자리에서 밝혔다.

---

5) 〈더와치(The Watch)〉 2021.04.03. 기사.

수입지출명세서
2019년 12월 16일부터 2021년 4월 28일까지

조국백서추진위원회 (단위 : 원)

과목		금액
수입	후원수익	328,443,362
	저작권료수입	141,356,693
	도서판매수입	7,150,000
	이자수익외	768,489
	합계	477,718,544
지출	도서구입비	143,650,000
	원고료	17,360,000
	배송비	21,135,730
	인건비	51,191,233
	기부금	169,368,496
	기타비용(*1)	47,113,045
	법인세등	27,900,040
	합계	477,718,544

(*1)기타비용에는 홈페이지 제작, 유지관리, 서버비, 사무용품비, 소모품비, 통신비, 기타 용역비 등이 포함되어 있습니다.

그런데 이미나 한경닷컴 기자는 진중권 전 동양대 교수가 페이스북에 쓴 글을 인용하며 김어준이 '조국백서'를 만들기 위해 후원금 3억 원을 모금한 데 대해 "공지영 씨 말[6]대로 책 만드는

---

6) 조국 수호에 앞장서온 공지영 작가마저도 지난 10일 자신의 페이스북에 "조국백서 발간하는 데 무슨 3억 원이 필요하냐"며 "진보 팔이 장사라는 비난이 일

데 돈 하나도 안 든다. 딱 봐도 사기인데 피해자들이 자신이 피해자인지 인식을 못한다"고 말했다. 즉 진 교수는 "출판에 드는 일체의 비용은 원래 출판사에서 담당하는 것이다"라며 이같이 밝힌 이야기에 주목해야 한다.

진 교수는 "필자는 나중에 통상 책값의 10%를 인세로 받는다. 책값이 2만 원이고 10만 부 팔았다고 치면 인세만 2억 원이다"라며 "문빠(문재인 대통령 지지자)들 달려들어 한 30만 부만 팔아줘도 인세만 6억… 근데 기성 출판사에 맡기지 않고 자기들이 직접 출판해 유통망 빌려서 팔면, 이 비용 저 비용 제하고도 수익으로 인세의 서너 배를 따로 챙길 수 있다"고 지적했다. 이어 "몇십 억 장사가 되는 건데 저 분들이 따로 '모금'을 하는 것으로 보아, 아마 이 방식을 취하려는 것 같다"면서 "첫 눈에 봐도 사기인데, 문제는 사이비종교 관련 사건에서 늘 보듯이 피해자가 자신을 피해자로 인식을 못 한다"고 주장했다. 이 점이 핵심이다. 이 문제를 의식했는지 '조국백서' 측은 2021년 6월경 2차 기부를 마치고 대차대조표를 자신들의 게시판에 올렸다. 그들은 '조국백서' 제작 모금을 시작한 이유를 '조국 정국'에서 자행된 언론의 '조국 죽이기' 때문이라고 설명했다. 조

어나는 데 대해 해명하라'고 비판했다. 공 작가는 다른 글에서 "일반적으로 출판사가 1,000부 기준으로 투자하는 비용은 약 1,000만 원"이라며 "3억이면 책 30종류의 책을 총 3만 부 찍을 수 있다"고도 지적했다.

국백서추진위는 "조국 법무부장관 후보 지명부터 시작된 검찰과 언론의 '조국 죽이기'에 맞서 대항했던 시민들이 함께 만드는 백서"라는 주장이었다. 한마디로 말해 "'조국 사태'는 검찰의 불법적인 피의사실 공표와 이를 받아쓰며 단독, 속보 경쟁을 벌인 언론의 합작품"이라며 "깨어있는 시민들은 촛불을 들어 검찰개혁과 언론개혁을 시대정신으로 만들어냈다. 전대미문의 '검란(檢亂)'과 '언란(言亂)', 그에 맞선 시민의 촛불을 기록으로 남기기 위함"이란 것이다. 3만 원 이상 후원한 사람들에겐 책을 발송하겠다고 한 대로 발송을 했다.

조국백서를 이긴 조국흑서

조국백서가 출판되고 얼마 되지 않아 조국흑서가 출간되었다. 더 놀라운 것은 정작 베스트셀러 1위에 오른 책은 '조국흑서'였다. 후원자들이 사전 모금도 하고 선판매 예약도 되어 논란을 일으켰던 조국백서는 8위로 전락한 것이다.[7] 2020년 8월 27일 '예스24'에 따르면 조국흑서 『한 번도 경험해보지 못한 나라』는 8월 4주차 차트에서 1위를 기록했다고 한다. 『한 번도 경험해보지 못한 나라』는 강양구 미디어 재단 TBS 과학 전문

---

7) 〈뉴시스〉 2020.08.27.

기자, 권경애 법무법인 해미르 변호사, 참여연대 출신의 김경율 시민단체 경제민주주의21 공동대표, 서민 단국대 의과대 교수, 진중권 전 동양대 교수 등 5명이 조국 전 법무부 장관 사태에 대해 나눈 대담집이라고 밝히면서, 7월 25일 출간됐다고 밝혔다. 이 책은 정권에 대한 용기 있는 비판을 담았다고 책을 소개했는데, 재밌는 것은 이보다 먼저 출간된 이른바 조국백서 『검찰개혁과 촛불시민』과는 당시 사태를 바라보는 시선에 차이가 있음에도 불구하고 조국백서이다.

현재도 이 문제는 의문만을 남긴 채 나무위키 사전에 자료로 남아 있다. "조국백서추진위원회는 2021년 3월 30일, 사랑의열매에 1억 6,688만 원을 기부했다고 주장하고 있다. 그러나 이 주장을 사실로 받아들인다 쳐도, 최소 500만 원 최대 3천만 원이면 출판할 수 있는 책에서 3억 원을 모금하고 남는 돈은 어디에 썼는지 여전히 미스터리인 상황이다."[8]

왜 논란이 끊이지 않는가

이 일이 있고 얼마 있지 않아 이번에는 조국 전 법무부 장관이 직접 또 책을 펴냈다. '조국백서'는 그를 옹호하고자 하

8) https://namu.wiki/w/%EC%A1%B0%EA%B5%AD%EB%B0%B1%EC%84
%9C

는 진영에서 진영 논리로 썼다면 조국 전 장관이 쓴 책은 세간의 말로 "딱 조국스러운 책"이라는 평가를 한다. 그는 서문에서 "가족의 피에 펜을 찍어 써내려가는 심정"이라며 조국 교수 특유의 자기연민을 드러내었다. 혹자는 '중2스러운'(?) 관종의 표현이라고 평가절하하기도 했다. 하지만 자신의 이야기를 거침 없이 뿜어 회고록인 『조국의 시간』은 나오자마자 매진에 매진을 거듭하고 있다.[9] 이를 폄하하는 분들은 "'조국교(敎) 광신도들'의 낙점을 갈구하는 이낙연·정세균 등 더불어민주당 대권주자들에겐 조족지혈(曺族之血: 조국 가족의 피) 같은 대단한 책인지 모르겠으나, 상식 있는 대다수 사람에겐 그저 종이가 아까운 조족지혈(鳥足之血: 새 발의 피) 같은 하찮은 책일 뿐이다."고 악평을 퍼붓는다. 한 책을 가지고 이렇게 평가가 극명하게 나뉘는 책은 비슷한 시기에 나온 김일성 전작집 「세기를 넘어서」와 비슷할 것이다. 아무튼 화제의 책이 틀림없는 것은 그의 책 출간도 전에 예약판매 6만 부라는 경이적인 기록을 세웠기 때문이다. 뿐만 아니라 주요 온라인 서점 베스트셀러 1위에 올랐고, 이 여세를 몰아 공식 출간 하루만인 지난 5월 2일 10만 부를 돌파하고 이미 15만 부 넘게 찍었다고 한다. 조 전 장관이 당장 손에 쥘 인세 수입만 해도 어림잡아 수억 원이라고 한다.[10] 이런 현

---

9) 『조국의 시간』 조국 저, (2021.5. 한길사).

10) 한껏 고무된 그의 지지자들이 SNS에 올린 희망대로 정말 "100만 부를 향해

상에 대해 진중권 전 동양대 교수가 또 가만있지 않고 자신의
페이스북에 이렇게 올렸다.

　　"'자신의 페이스북 글과 친구들 격려사, 관변언론 기
　사를 복사해 붙이는' 수준의 노력 이외엔 일체의 비용을
　들이지 않은 책 한 권으로 지난해 변호사비와 병원비로
　줄어들었다던 예금 1억2800만 원쯤은 가뿐히 충당하고도
　남는 큰돈을 벌어들이는 셈이다."

　심지어는 조국을 비판하는 쪽에서조차 "나라를 이 지경으로
만들어놓고 그걸 이용해 돈까지 버는 걸 보니 머리 좋은 건 인
정한다"는 찬사 아닌 찬사가 나오는 이유다.
　이렇게 일파만파 조국의 시간이 퍼져나가니 출판사 한길사
에 대해서도 비난이 쏟아졌다. "언론의 허위보도와 검찰의 조
직 이기주의에 맞서 내놓는 역사적 기록"이다. "이미 법정에서
드러난 사실을 부정하는 것으로도 모자라, 인쇄 기계 돌아가는
동영상까지 찍어 SNS에 올리며 책 판매에 열을 올리고 있는 한
길사야말로 돈 측면에서는 조 전 장관보다 한 수 위다."
　정상적인 출판계약이 이뤄졌다면 통상 출판사가 저자 인세

따박따박' 간다면 20억 원 가까운 거액을 벌 수도 있다.

보다 더 많은 이윤을 가져가야 한다. 그런데 조 전 장관을 앞세우고 출판사 대표[11]는 "촛불 시민의 위대한 역량"이라는 추임새를 넣자 출판사는 한 마디로 대박을 치고 말았다는 말이다.

안혜리 논설위원은 자신의 글에서 "출판계 관계자들 얘기를 들어보면 전형적인 사재기 수법이라는 의심이 든다고 언론은 전한다. 또 온라인 서점 관계자는 『조국의 시간』은 출간 전에 이미 베스트셀러 1위에 올랐으니 순위 올리기용 사재기로 보기는 어렵지만 초기에 많은 판매 부수로 세를 과시하고 그 화제성으로 판매를 더 확대하고자 하는 의도는 맞다고 말하기도 한다.[12] 또 다른 출판 관계자도 '실제 주문한 독자 자택 등이 아니라 배송지를 특정한 한 장소로 지정해 많은 양의 구매를 독려하는 건 문제의 소지가 다분한 시장 교란 행위로 볼 수 있다'고 말했다."고 견해를 논설에 밝히고 있다.[13]

---

11) 김언호 한길사 대표.

12) 한국출판문화산업진흥회 산하 출판물불법유통신고센터.

13) 조국 지지자들의 이런 시장교란 행위로 조국의 시간을 얼마나 더 계속 유지시킬 지 모르겠다. 다만 이런 식으로 100만 권의 책을 판다 해도 그들이 원하는 조국의 시간은 결코 돌아오지 않는다는 것만은 분명하다. 그걸 모르는 조국 수호대만 자기 돈 털어 부자 조국을 더 부자로 만들어주고 있다. 이 무슨 코미디인가. 중앙일보] [안혜리의 시선] '조국이라는 돈벌이'. 2021.06.03.

대한민국 여전히 철학 논쟁 중⑵

20세기 들어 체제전쟁은 끝났으며 케케묵은 이념논쟁이나 정치철학 논쟁은 의미 없다고 말하는 사람이 많았다. 하지만 21세기 백주대낮에 시효소멸 된 줄 알았던 이념을 신봉하며 자신 사회주의자요, 사회주의와 민주주의는 공존할 수 있다는 궤변을 늘어놓는 사람들이 즐비한 세상에 살고 있다.

"『검찰개혁과 촛불시민』책을 출판사에 부탁해서 한 권 받았다. 퀄리티가 돼야 읽는데 새로운 정보도, 해석도 없어서 못 읽겠더라."

진중권 전 동양대 교수가 '조국백서'로 불리는 '검찰개혁과 촛불시민'(조국백서추진위원회)을 강하게 비판했다. 그런데 그 비판의 이유가 이념 때문이라는 것이다. 진 전 교수는 서울 강남구 최인아 책방에서 열린 『한 번도 경험해보지 못한 나라』(천년의상상) 기자간담회에서 조국백서추진위원회가 지나치게 이념화돼 있음을 지적하며 이같이 말했다. 그는 "이 사람들은 이 모든 사태가 당국에 남아있는 친일파 토착 왜구 세력이 개혁에 반대해서라고 주장한다"며 "이것은 착란증으로 해방 연도에 태어나도 지금 나이가 70대인데 망상증을 대중한테 세뇌시키고 있다"고 말했다. 진중권의 말을 비틀어 보자면 참다운 사회발전의 조건은 올바른 정치학의 정립에 있다는 진보사관적 정의이다. 그들은 말한다. "역사 진보의 진정한 계기는 진리를 지향하는 정치학의 확립에 있다. 인간 사회생활에 있어서 정치·사회·경제 등은 선체에 해당된다. 학문은 영혼에 비유될 수 있다. 영혼과 신체는 서로 상응하지만 영혼이 건전하면 병든 신체도 건강하게 될 수 있다. 인간 사회생활에서 영혼의 역할을 담당하는 여러 학문 가운데 가장 중요한 학문은 바로 정치학이다. 그것은 정치학이 인간 사회생활에 있어서 결정적 의미를 갖는 정치를 논하는 학문이기 때문이다. 인간은 정치적 존재이다. 인간의 사회생활은 그대로 방치하면 근본적으로 경제적 이해관계를 둘러싼 만인에 대한 만인의 투쟁 상태로 귀착될 수밖에 없다. 바로 그러한 투쟁 상태를 사회적 통합에로 이끌어 갈 정치의 역할은 인간사회 생활에 있어서 필연적이다."

이 말은 인간 세상사는 정치 없이는 유지 발전될 수 없다는 말이다. 인간 사회생활의 모든 문제는 궁극적으로 정치와 결합되어 있다는 뜻이다. 즉 정치가 바로 설 때 인간 사회생활의 모든 문제는 정의롭게 해결될 수 있다는 말로서 정치를 논하는 정치학이 올바로 정립될 때 정치도 정상화될 수 있다. 정치학의 중요성은 바로 여기에 있다는 데에 우리는 동의하지 않을 수 없다.

한마디로 말해 인간 사회생활의 모든 영역은 궁극적으로 정치에 의해 통합되기 때문에 정치에 관여하면 안 된다. 아사리판(?)인 정치판에 들어가면 인생 망친다. 종교인들, 특히 기독교인들, 목사는 정치에 참여하면 안 된다는 말은 처음부터 논리적이지 않다. 인간의 사회생활의 여러 영역에서 제기되는 문제의 실천적 해결을 위해 정립된 모든 학문도 궁극적으로 정치학 연구의 초석이 되지 않을 수 없기 때문이다. 추상적 이론만을 위해 정립되는 학문은 있을 수 없기 때문이다. 모든 학문은 근본적으로 인간의 사회생활에 실천적으로 기여하기 위한 것이다. 학문연구에 있어서 자연 이론, 형이상학, 인식 이론, 인간 이론, 윤리 이론, 교육 이론, 정치 이론, 역사 이론, 예술 이론, 종교 이론, 철학 이론 등은 모두 내면적·유기적으로 결합되어 있다. 그 모든 학문 영역의 중심에 정치학이 서 있다는 이수윤의 주장에 동의하지 않을 수 없다.

고로, 철학과 정치는 서로 다른 것이 아니다. 철학과 정치는 일치한다. 철학은 한 시대의 정치적 실천의 기준을 설정한다. 철학은 정치적 행동의 기준을 변화시키기도 한다. 철학은 언제 어디서나 사람들의 정치적 실천과 정치적 행동의 기준으로 작용한다. 인간의 진정한 존재 양태는 실천적 행동에 있다. 인간의 실천적 행동은 본질적으로 정치적인 것이다. 사람들이 하나의 철학을 갖는다는 것은 무엇보다도 그 철학 원리에 따른 방식으로 정치적 실천, 정치적 행동을 한다는 것을 의미한다. 철학과 인간의 정치적 실천은 직접적으로 결합되어 있기 때문이

다.[14]

철학이 정치적 현실을 변화시키고 사회의 발전을 촉진할 수 없을 때에 그 철학은 역사 발전의 속박이 된다고 보는 견해이다. 그래서 이수윤은 "철학과 정치만 결합되는 것이 아니다. 정치와 역사도 일치한다."고 말하는 것이다.

이 논리는 진보주의 역사관 철학관에서 나오는 말인데, 역사 인식에 있어서 한 줄기라는 데에는 이견이 없다. 정치의 흐름이 역사가 되는 것은 사실이지만, 정치가 역사라거나 역사가 정치라는 발전사관적 독단은 막아야 한다.

정치철학과 정치 이데올로기

정치 이론은 한마디로 정치 이데올로기가 된다. 물론 철학 이론도 철학 이데올로기이다. 오늘날 한국사회를 관통하는 두 개의 큰 정치 이데올로기의 흐름은 진보적 정치 이데올로기와 보수적 정치 이데올로기이다. 진보적 이론을 추구하는 그룹은 정치학의 본래적 목적은 결코 사회적 현상유지에 있지 않다고 보고 정치 이론에 대한 연구는 필연적으로 사회발전과 역사진

---

14) "철학은 인간의 정치적 행동과 밀접한 연관 속에 있다. 인간의 정치적 실천, 정치적 행동은 바람직한 새로운 사회발전을 실현하기 위해 취해진다." 이수윤의 책.

보에 실천적으로 기여한다는 희망에 젖어 행해지는 것이 정상적이라고 본다. 하지만 지금 이들이 내뱉고 있는 담론들이 과연 사회발전 역사진보에 기여하고 있는지는 의문이다.

오늘날 PC(Political Correctness)주의[15]라고 읽혀지는 '정치적 올바름'이란 명목 하의 정치 행동 이데올로기는 사회의 진보가 아닌 갈등과 분열을 초래하고 있기 때문이다.

원래 '정치적으로 정확하다(politically correct)'라는 문구는 '규범을 엄격히 고수하다'라는 사전적 의미로 사용되었다. 그러나 후에 이 단어는 신좌파운동의 모토로 사용되었다.[16] 처음 1980년대 동구권이 몰락하게 되자 신좌파 내부에서는 자기들끼리 자조하거나 서로를 풍자할 때 이 단어를 쓰기 시작했다.[17] PC의

---

15) 폴리티컬 코렉트니스(Political Correctness; PC), 번역해서 정치적 올바름이란 모든 종류의 편견[1]이 섞인 언어적 표현을 쓰지 말자는 신념, 또는 그러한 신념을 바탕으로 추진되는 사회적 운동이다. 그 시작은 다민족 국가인 미국으로, 1980년대 다른 인권 운동과 함께 강하게 대두되었다. 정치적 올바름은 출신, 인종, 성, 성적 지향, 성별 정체성, 장애, 종교, 직업, 나이 등을 기반으로 한 언어적 · 비언어적 모욕과 차별을 지양하는 사회정의를 추구한다. (나무위키).

16) 1960년대에 등장한 신좌파와 전통적 마르크스주의자들 간에 교조주의에 관한 논쟁이 벌어지면서 이념적 실체가 아니라 당과 국가에 충성하기만 하는 모습을 두고 'politically correct' 한 인물이라고 조롱했고, 이 단어는 68운동의 영향으로 학생 · 청년 운동이 활발하던 미국 내에서 유행어처럼 번졌다. (나무위키).

17) 특히 운동권 내부의 연대를 깨는 성 · 인종 차별적이고 편견적인 언사를 일

범위는 다문화주의, 생태주의, 여성주의 등 이념 전반으로 크게 확장되어 '전통적 관념을 교정하기 위한 새로운 규범(을 따르는 태도)을 가리키게 되었다.[18]

이 용어는 단순화해서 정의하기 쉬운 용어는 아니다. 정치적 올바름 관련 논문들을 살펴보면 본래 스피치 코드, 대학교의 커리큘럼, 다문화교육 등이 따로따로 이슈화되고 있었으나 이 다양한 부분들을 묶어서 PC라는 용어로 부르기 시작한 것으로 해석한다.[19]

1995년 이 용어를 한국에 거의 처음 도입한 사람은 김성곤 서울대 영문과 교수다. 그는 PC주의를 '도의적 공정성'이라는 단어로 번역하였다.[20] 지금 현재는 여러 가지 변명들이 나오면

삼을 때마다 "○○ 동지는 정치적으로 올바르지 못하군요!" 하고 지적하는 등의 사례를 찾아볼 수 있다. [2] 여기에 한때 자신들이 이 소리를 들으면서 공산당을 열렬히 지지했다가 반공주의로 전향한 신보수의자(뉴라이트)들도 "좌파들이 'political correctness'에 따라 선동하고 매도하는 것에 미쳐 있다."고 역으로 비난하는 입장이 되었다. (나무위키).

18) 진보 계열의 대학생들을 중심으로 "오히려 (작위적·의무적인) PC 운동이 필요하다."는 담론이 형성되었고, 이것에 대한 논란의 불씨는 꺼지지 않은 채 지금까지 이어지고 있다. (나무위키).

19) 이러한 범주로 정치적 올바름이라는 단어를 엮어서 정리한 대표적 문헌은 "대학 캠퍼스에서의 'political correctness' 논쟁"이라는 버만의 1992년 논문으로, 범주가 다른 것들을 엮었기 때문에 생긴 문제다.

20) 이후 다양한 번역이 나왔다. 2000년대 초반에는 정치정의(政治正義)라고 번역하기도 했다. 정치적 올바름이라는 번역은 2000년대 초반 등장했다.

서 희석되고 있다.[21] 이러한 혼란이 본인들 내에서 터져 나오는 것은 그들이 쉽게 생각한 정치적 올바름이란 주제가 오히려 분쟁의 불씨를 만들고 있음을 용어 정의에서부터 드러나기 때문이 아닌가 한다. 나무위키의 정리도 혼란스럽다.[22]

2005년 씨네21. 2010년 주간경향

21) '정치적 올바름'이라는 번역에는 사실 심각한 문제가 있다. 영영사전 어디를 찾아보아도 correct라는 단어에 윤리적, 도덕적 차원의 '올바른'이라는 뜻은 없기 때문이다. 영영사전들에는 공통적으로 '정확한, 맞는, 사실인, 옳은'(right, accurate)이라는 의미와 '(사회적으로) 적절한'(proper, appropriate)이라는 의미가 제시되어 있고, politically correct의 용례에서의 correct의 의미에 대해서는 '특정 정치적·이념적 정설을 따르는'(옥스퍼드)이라든가 '특정 이념, 신념, 가치의 엄격한 요구조건들을 따르는'(메리암-웹스터)으로 제시하고 있다.

22) 본래 단어의 뜻을 따라 '정치적 정확성' 내지 '정치적 적절성'으로 번역해도 원래의 의미를 해치지 않고 개념을 제대로 이해하는 데 충분함에도 불구하고, 굳이 없는 뜻을 지어내어 '올바름'이라고 번역한 것은 아마도 이러한 가치관에 도덕적 우월성을 부여하고자 했던 진보 계열의 학자나 활동가들의 작품인 것으로 보인다. 심지어 2009년에 네이버 사전을 통해 제공되는 옥스퍼드 영영사전을 번역한 영한사전에서조차 위에서 서술한 의미 대신 '(태도가) 올바른'이라는 엉뚱한 의미를 지어내어 제시하였다. political correctness: the principle of avoiding language and behavior that may offend particular groups of people (Oxford) "언어나 행동이 특정 그룹의 사람들의 기분을 상하지 않게 하는 원칙" political correct: conforming to a belief that language and practices which could offend political sensibilities (as in matters of sex or race) should be eliminated (merriam-webster) "언어나 행동이 (성별이나 인종 등) 정치적으로 민감한 사람들의 기분을 상하게 하는 것을 끝내야 한다고 믿는 것"

네오 막시즘(Neo-Marxism). 신좌파운동이 하나의 정치적 패션으로 자리 잡으면서 최근까지 미국이나 서구, 그 연장선 상에서 한국까지도 이러한 PC주의가 하나의 유행병처럼 퍼져 대한민국의 패션 좌파격인 586 주사파 정치인들은 한국에서 계속적으로 신좌파운동의 일환이 차별금지법이니 포괄적 차별금지법이니 하는 것들을 만들고 있다.

이미 2016년 이종일 교수는 자신의 논문에서 정치적 올바름의 근원을 '편향적 단어 바꿔 부르기'로 한정 짓는 것은 이미 현실과 너무 동떨어져 있다고 지적한 바 있다. '정치적 올바름'이라 하면 이름에 '정치'란 말이 들어가기 때문에 무언가 거창하고 추상적인 개념으로 보일 수 있다. 그러나 그 실체는 사실 '도덕적 올바름' 혹은 '윤리적 올바름'이라는 개념을 적당히 포장해서 다르게 부르는 것에 가깝다고도 할 수 있는데, 이것을 마치 진보적 주류 정치인들의 보여주기식 아이콘으로 포장하는 것은 한마디로 어불성설(語不成說)이다.

만약 '정치적 올바름'이 '도덕적 올바름' 또는 '윤리적 올바름'이 지향점이라고 한다면 그것을 정치인들이 붙들고 있을 게 아니라 종교와 윤리학의 영역으로 보내어 학문적으로, 그리고 상식적으로 퍼져나가게 내 버려두면 된다. 좀 더 까놓고 얘기해서 이 둘을 군이 이해하기 어렵게 현학적으로 말한 게 정치적 올바름이 되었다. 정치에 대한 이야기는 사실 포장에 불

과하며 진짜 알맹이는 도덕과 윤리라는 것이 일반적인 견해이
다.[23]

---

23) 그리고 이것이 정치적 올바름을 과도하게 추구하는 이른바 SJW(PC충)가
보여주고 있는, 단순한 정치 논리만으로는 해석이 되지 않는 극단주의를 설
명할 수 있는 하나의 키포인트가 될 수도 있다. 정치 논리를 넘어서서 도덕
과 윤리, 그리고 어떤 의미로는 종교의 차원에까지 도달했기에 그러한 극단
주의가 만들어질 수 있었던 게 아닐까 생각할 수도 있다는 것이다. 사실 도
덕과 윤리와 종교의 차원에 도달하면 이성보다는 감성이 우선시되기 마련
인지라, SJW와 같은 극단주의자의 출현도 어찌 보면 당연한 결과일 수 있
다. (나무위키).

3. 정치와 기술의 만남

혼란을 종식시킬 대안

정치 이데올로기니 정치철학이니 하는 거대한 주제로 접근하면서 겨우 행동지침들을 열거하는 오늘날의 이 잘못된 신마르크스주의자들의 논리는 이제 종식되어야 한다. 비하적 의미나 편견이 담겼거나, 혹은 그렇게 해석될 여지가 있는 표현은 사용을 삼가는 것이 예의라는 인식이 있는 것이 사실이지만 그것을 크게 법으로 강제하여 과도하게 역차별을 불러일으키는 행위는 좌파들이 말하는 역사의 진보, 역사 발전이 결코 아니다. '정치적 올바름'이라는 개념이 사회적으로 하나의 윤리 규범에 가까운 것으로 굳어지고 있으며, 되도록이면 해당 개념을 지킬 것이 사회적으로 권장되는 정도면 그 역할은 충분히 끝난 것으로 보여진다. 도덕 내지는 윤리의 일부로서 사회적으로 받아들여지고 있다면 그것은 정치철학의 영역이 이미 아니다.[24]

　PC 지지자들과 PC 반대자들의 논쟁이 심화되면서, '정치적 올바름'이라는 단어의 오남용도 많아졌다. 아무튼 '정치적 올바름'은 장점도 여럿 있었지만 이후 여러 한계도 보였다. 대안 우파 외에는 조던 피터슨, 리처드 도킨스, 샘 해리스 등 'Intellectual Dark Web'[25]에 속하는 사람들이 대표적 반PC주

---

24) 적절하고 올바른 정치적 올바름의 예시로, 2012년 10월경 지상파로 방영되었던 어느 다큐멘터리에서 열대 식물의 매우 크고 넓적한 나뭇잎에 음식을 담아 먹는 부족을 취재하면서 꼬박꼬박 그 나뭇잎을 그릇이라고 부른 일이 있다. 아무런 가공을 거치지 않은 나뭇잎이었지만, 나뭇잎에 음식을 담아 먹는다고 내보내면 그 부족이 위생관념이 없다는 이미지를 뒤집어쓰게 될까봐[8] + 그 부족이 음식을 담아 먹는 나뭇잎이, 일반인들이 음식을 담아 먹는 그릇과 재료만 다르기 때문에 그릇이라고 불렀다. 이처럼 정치적 올바름 운동은 평범한 대중들에게까지 "여태 아무 생각 없이 써 오던 표현들이 그런 공격적(offensive)인 함의를 담고 있을 줄은 몰랐다"는 자각을 일으켰고, 자신이 무심코 사용한 차별적이고 편견어린 표현이 누군가에게는 상처를 줄 수도 있다는 각성이 일어나게 되었다. 이점은 분명 옳은 방향이라고 할 수는 있지만 이것이 한 나라의 정치 영역, 사회적 법률의 문제로 규정하여 이에 동조하지 않는 더 많은 일반 대중을 무시하고 일방적으로 밀어붙이는 정치적 횡포는 그만두어야 한다는 것이 일반적인 의견이다. 이 영역은 종교와 윤리학의 영역으로 보내주어야 한다. 정치인들이 선지자가 될 필요는 없기 때문이다.

25) Intellectual Dark Web(지성의 암흑망)이란, 수학자이자 경제학자인 에릭 와인슈타인(Eric Weinstein)이 2017년에 제안한 용어로, 표현의 자유, 정치적 올바름, 정체성 정치, 생물학에 관해 주류 리버럴들과 다른 의견을 내

의자들이라고 할 수 있다.

선거와 빅테크

이러한 PC 운동에 대한 반감을 가장 크게 표출한 정치인은 도널드 트럼프였다.[26] 도널드 트럼프가 대선 기간 내내 다수의 여론조사에서 라이벌이던 힐러리에게 뒤진 이유는 이미 PC주의에 동의하거나 동조하는 빅테크의 정치개입 때문이다. '빅테크'란 인터넷 플랫폼을 기반으로 한 거대 정보기술(IT) 기업을 가리킨다.[27] 그러다 보니 최근 국내외에서 빅테크에 대한 경고음이 잇따른다.[28] 영국의 소설가 조지오웰은 『1984년』에 나오

놓는 지식인, 논객, 유명인사들을 아울러 일컫는다.(나무위키)

26) 2016년 미국 대통령 선거에서 도널드 트럼프가 대통령으로 당선될 수 있었던 것도 이런 도널드 트럼프의 반(反) PC 운동이 주요하게 먹힌 것 아니냐는 일부 분석가들의 분석도 나왔다. 물론 모든 선거에 대한 분석이 결과론적인 측면도 있지만, 실제 트럼프가 당선된 것에 이러한 정치적 올바름의 득세에 대한 피로감이 일부는 작용했다고 볼 수 있다. 예를 들어 영화배우이자 보수주의자인 클린트 이스트우드는 트럼프 지지 발언을 하며 "사람들이 지나치게 PC에 집착하며 그를 인종주의자로 몰아간다."고 발언하기도 했다. (나무위키).

27) 구글(Google), 애플(Apple), 페이스북(Facebook), 아마존(Amazon) 등 이른바 '가파'(GAFA)가 대표적이다.

28) 한겨레 곽정수 논설위원 칼럼. 2021.03.29.

는 가공의 국가 오세아니아에서 국민에 대한 통제와 독재를 풍자한 소설 속의 상황이 지금의 현실에서 일어나고 있는 것이다. 그가 쓴 '동물농장'과 더불어 국가가 개인의 모든 것을 통제하는 전체주의를 비판하는 소설이 왜 지금 주목을 받는가. PC주의가 만들어 내는 또 다른 감시와 간섭, 그리고 통제는 빅테크의 등장으로 가속화되고 있는 것이다.

정부의 감시 카메라 설치나 개인정보 사용 관련 뉴스가 나올 때마다 자주 쓰는 말인 '빅브라더(Big Brother)'는 바로 이 소설에서 모든 것을 통제하는 최고 권력자를 호칭하는 말이다. 오웰이 이 소설을 썼던 1948년에서 뒷부분의 숫자 두 개를 살짝 미래의 1984년으로 바꾼 것이다.[29]

작금에 와서 이미 크리스탈리나 게오르기에바 국제통화기금 총재는 "코로나 팬데믹 위기에서 정보기술 부문의 (중략) 거대한 시장 지배자들은 가장 큰 승자로 군림하고 있다"고 지적했다. 한국은행도 보고서에서 "바이든 미 행정부와 민주당의 빅테크에 대한 반독점 규제가 더욱 강화할 것"이라고 전망했다. 그러다 보니 미국·유럽 등 선진국의 빅테크에 대한 규제 움직임도 빨라지고 있다.[30]

---

29) 메디게이트. 배진건 칼럼. 2020.07.24.

30) 미국 하원은 지난해 10월 '디지털 시장에서의 경쟁과 법집행에 관한 조사 보고서'를 발표했다. 보고서는 플랫폼 기업이 지배력을 남용해서 이용자에

또 미 법무부와 공정거래위원회(FTC)는 구글과 페이스북을 상대로 반독점 소송을 제기했다. 구글은 모바일 검색시장의 94%를 차지하는 지배력을 이용해 애플의 스마트폰 등에 자사의 검색 앱을 선탑재하도록 해 다른 업체들과의 경쟁을 제한한 혐의다. 페이스북은 신생 경쟁기업을 인수해 소셜네트워크 시장을 독점화한 혐의다. 유럽연합(EU)의 대응도 남다르지 않다.

그래서 2020년 12월에 디지털시장법(DMA)과 디지털서비스법(DSA) 제정안을 내놨다. 전자는 빅테크의 불공정행위를 규율하고, 후자는 빅테크로부터 소비자를 보호하기 위한 내용이 담겼다.[31]

아이러니하게도 기술혁신의 주역으로서 언론자유, 표현의 자유를 이끌었던 빅테크 기업들이 2020년 11월 미국 대선을 기점으로 그 본색을 드러내고 독점 폐해를 보여 준 것은 참으로 PC주의의 승리라고밖에는 설명할 길이 없다. 더 놀라운 것은 이들이 몇 해 전 주최했던 다양한 심포지엄과 포럼을 통해 발표한 팬데믹과 백신을 통한 다양한 인간 행동의 통제를 발표

과도한 대가를 요구하거나 입점 업체에 불공정행위(갑질)를 하지 못하도록 개선방안을 권고했다.

31) 미국에서 빅테크 독점 논란은 처음이 아니다. 100년 간 미국 통신시장을 지배하며 '통신 공룡'으로 불렸던 에이티앤티(AT&T)는 독점 폐해가 심해지면서 1982년 7개의 지역 전화회사들로 분할됐다. 세계 최대 소프트웨어 기업인 마이크로소프트도 1998년 미 법무부에 의해 반독점소송이 제기됐다.

한 그대로 코로나는 '언택트 시대'를 불러왔고, 이를 계기로 빅테크는 더 큰 시장지배력을 높일 수 있었다. 한국 역시 이 시기 구글·페이스북 등 외국계와 네이버·카카오·쿠팡 등 토종계의 플랫폼 시장지배력이 갈수록 커지고 3년 연속 수조 원의 적자를 보이던 쿠팡이 뉴욕 증시에 상장하여 수백조 원의 가치를 인정받는 일이 일어났다. 반면 빅테크의 횡포로부터 입점 업체와 소비자를 보호하기 위한 규율은 허술하기 짝이 없다. 공정위는 이에 대한 준비를 소홀히 하여 결국 끝을 알 수 없는 나락으로 대한민국의 경제를 왜곡시켜 놓고 있다.

철학이 결국 빅테크를 지배한다

2020년 4월 5일 대한민국의 총선과 2020년 11월 3일 미국의 대선은 놀랍도록 닮은꼴을 하고 있다. 첫째 이유는 왜곡된 여론 조성이 그렇다. 특정 후보에 대한 도가 지나친 이미지 왜곡과 빅테크 기술을 이용한 특정 단어와 특정 구호가 자동으로 걸러지도록 했다는 것은 널리 알려진 이야기다. 둘째 부정선거가 빅테크 기술에 의해 개입되었다는 정황이 곳곳에서 드러나고 있지만 철저하게 주류 언론매체에서 외면당하고 있는 점이다. 셋째는 부정선거의 증거가 넘쳐 재검표 요청을 했음에도 불구하고 갖은 방법으로 이를 막거나 지연시키고 있다는 점이다. 기술과 매체들이 특정한 이념에 따를 때 심각한 정치의 왜곡이 드러난다는 것이 21세기도 20년이 지난 이 시점에 극명하게 드러난 것이다.

미국 대선이 부정선거로 점철되고 있는 가운데 대량의 우편투표용지가 길가에 버려진 채 발견되어 충격을 주고 있다.

산타모니카 해안 도로에서 발견된 이 대량의 우편투표용지들은 네바다주의 우편투표용지도 포함되어 있는 것으로 알려졌다. 즉 네바다주의 우편투표용지를 캘리포니아주에 가져다 버린 셈이다.

길가에 버려져 있는 미국 대선 우편투표용지 : 미국 부정선거 사례
출처 : 파이낸스투데이(http://www.fntoday.co.kr)

재밌는 것은 빅테크 기술에 의한 부정뿐 아니라 특정 정당과 정파적 이념을 따르는 일부 대중들은 보이지 않는 비호 세력들의 보호 아래 무차별적인 부정을 저지르고 많은 증거를 남겼음에도 주류 언론은 눈을 감은 채 외면하고 있다는 것이다.

공정과 정의를 외치는 PC주의의 이념으로는 도저히 이해될 수 없는 일들이 나타난 것이다. 길가에 버려져 있는 미국 대선 우편투표용지는 정직한 일반시민이 아무리 제보해도 사실이 보도되지 않는다. 문제는 이렇게 사전투표용지(우편투표용지)를 갖다 버리는 부정선거의 행태가 대한민국 총선의 부정선거 의심사례와 판박이라는 점이다. 4·15 총선이 총체적인 부정선거로 치뤄졌다는 의혹이 있는 우리나라도 사전투표용지가 쓰레기장에서 발견되는 사례들이 다수 있었다.

실제로 광명시의 한 폐기물처리장에서 선관위가 버린 것으로 추정되는 관외사전투표용지가 발견되었다. 이 투표지는 원래 대구에서 사전투표를 했던 용지이고, 충청남도 공주·부여·청양 지역 선거구로 가서 개표되어야 했던 투표용지였는데, 과천 중앙선관위 건물을 나온 차가 시흥 폐기물처리장에 버리고 간 쓰레기 더미에서 발견된 것이다.

개표가 되기도 전에 파쇄되어 버려진 투표용지 뭉치/ 대한민국 총선 부정선거 의혹 증거

이념과 철학대로 행동하지 않는 위선

시흥의 폐기물집합장에서 발견된 충남 공주 선거구의 투표용지 / 대한민국 부정선거의혹 증거

PC주의의 강조점은 공정과 정의이다. 그런데 놀랍게도 자신들의 목적을 위해서는 이러한 공정과 정의도 헌신짝처럼 버린다는 것이다. 방역 당국에서 코로나 방역을 핑계로 사전투표를 지나치게 독려했던 점, 근거 없이 민주당 지지자들이 사전투표(우편투표)에 많이 나섰다고 세뇌를 해온 점, 우편투표용지를 쓰레기장 또는 아무 곳에나 폐기한 점, 사전투표(우편투표)를 개표하면서 몰표가 쏟아져 나와 접전지의 결과가 갑자기 뒤바뀐 점, 부정선거를 하려면 개표에 참여하는 수십만 명의 눈을 속여야 한

다면서 부정선거 의혹 제기를 방해한 점 등 한국과 미국의 부정선거(의혹) 패턴은 동일하다.

이처럼 미국 대선의 부정선거 증거와 대한민국 4·15 총선의 부정선거 의혹 증거가 같은 양상으로 나타나자, "같은 수법으로 부정선거를 기획한 걸 보니, 동일 집단의 소행으로 보인다." 라는 주장도 나오고 있다.

심지어 프로그램 해킹을 이용한 서버 조작 의혹도 양국 공히 제기되고 있는 가운데, 미국 대선 개표 당시 펜실베니아, 미시건, 위스콘신, 네바다, 애리조나 등 접전지역 대부분에서 '도미니언' 이라는 브랜드의 전자개표기를 사용한 것으로 알려졌다. 우리나라는 전국 선거구 개표장에 한틀시스템이라는 회사의 투표지분류기가 공히 쓰여, 투표지분류기의 무선통신장치 부착 유무와 관련된 논란이 계속되고 있다.[32] 토마 피케티는 이렇게 말했다.

"불평등은 경제적인 것도 기술공학적인 것도 아니다.
오히려 이데올로기적이고 정치적인 것이다."[33]

---

32) 한편 미국 현지에 나가 대한민국 총선의 부정선거 의혹을 미국 트럼프 측에 알려왔던 민경욱 전 의원은 국제조사단에 의뢰하여 2020 대한민국 총선의 부정선거의혹과 관련한 보고서작성을 진행하고 있는 것으로 알려졌다. 출처 : 파이낸스투데이(http://www.fntoday.co.kr)

33) 토마 피케티의 '21세기 자본'은 2013년 출간과 동시에 금세기의 고전이 됐

피케티에 따르면, 어느 시대든 불평등을 정당화하고 구조화하는 경제적 사회적 정치적 규칙을 진술하기 위한 일군의 모순된 담론과 이데올로기를 만들어낸다는 것이다. 그의 책을 중심으로 이야기를 정리해 보면 다음과 같다.

"고대사회는 '삼원사회'였다. 사제와 귀족(전사)과 평민(노동자)으로 이루어진 사회. 이 유형의 사회는 프랑스혁명까지의 기독교 사회 전체뿐만 아니라 힌두교와 이슬람교 사회, 중국과 일본 등 극동에서도 지속되었다. 사제의 임무는 불평등을 합리화하는 것이었고, 귀족은 전쟁에서 영토를 확보하는 것이었다.

노동자는 세금을 내고 노동력을 제공했지만 권력에선 배제됐다. 이 불평등한 체제는 끓어오르다 결국 1789년 프랑스혁명으로 종식되었다. 근대 이전까지 유럽 사회에서 두 신분의 합은 5~10% 선이었다. 그럼에도 1880년 영국 토지의 80%를 인구의 0.1%에 불과한 7000개 가문이 소유했다. 프랑스는 혁명 직전 토지의 2~30%를 귀족이 소유하고 있었다. 삼원사회야말로 역사상 가장 지배적인 불평등 유지 체제였던 셈이다. 고대 아테네와 로마, 근대 미국 남부, 서인도제도가 유지했던 '노예제 사회'와 서유럽 제국주의 국가들이 제3세계를 착취했던

다. 7년이 지났지만 여전히 젊은 49세의 경제학자는 전작보다 더 두꺼운 후속작을 펴냈다. 무려 1,300쪽. 세계에서 8번째로 전작이 많이 팔린 나라답게 영어판과 거의 동일한 시기 책이 번역 출간됐다.

'식민사회'를 거쳐 프랑스는 새로운 사회를 고안했다. 혁명 이후 탄생한 '소유자사회'이다. 혁명세력은 보수화됐고 자본가라는 새로운 지배계급을 탄생시켰다. 과거에는 신분이 세습됐다면 이제는 부가 세습되는 시대가 됐다.

이 시대의 영웅은 자본가. 사유재산을 절대적으로 보호하는 소유주의, 실력주의, 비정한 사회진화론은 이 시대를 지탱한 논리다. 혁명 이후에 불평등의 수레바퀴는 점점 더 거세게 굴러갔다. 20세기 초 '아름다운 시대'(벨에포크)에 오면서 불평등은 절정에 달했다. 문화예술이 화려하게 꽃핀 이 시기, 소득과 부의 불평등이 최고 수준이었다는 점은 시사(示唆)하는 바가 있다. 이 시기 소득 분배에서 상위 10%는 부의 80~90%를 가져갔다. 마르크스의 '자본론'은 이런 배경 속에서 출간됐다."

그렇다. 마르크스주의는 비정한 부의 불평등을 해소하고자 하는 어쩌면 순수한 동기에서 출발했을지 모른다. 그러나 결과는 어땠는가. 소련은 왜 무너졌는가. 동구라파의 공산주의 체제는 왜 몰락하였는가. 그들이 배척했던 부르주아는 결국 공산당 지배계급으로 치환되어 또 다른 정치 부르주아를 만들어 낸 것 이상도 이하도 아니었다. 그런데 이 고전 마르크스주의가 무너진 그 폐허 위에 또 다른 신마르크스주의가 싹을 틔웠는데, 이들 역시 오만과 독선으로 기왕 누리고 있는 거대한 딥스테이트

(Deep State)[34] 조직과 빅테크의 시장독점으로 새로운 지배계급의 고착화를 가져오고 있는 것이다. 이들에 동조하는 패션 진보좌파들은 그 폐해를 뻔히 보면서도 자존심 때문에 돌아서지 못하고 같은 공범으로 전락하고 있는 것이다.

---

34) '민주주의 제도 밖의 숨은 권력 집단'을 이르는 말

4. 소득 재분배 문제

전쟁이 만든 대안

마르크스와 엥겔스가 내어놓은 『자본론』[35]이 결국 소련에서 10월 혁명을 완성했다. 볼셰비키 혁명(十月革命, 러시아어: Великая Октябрьскаясоциалистическаяреволюция)이라고도 부르는 이 소련 공산당 혁명은 1917년 2월 혁명에 이은 러시아 혁명의 두 번째 단계였다. 10월 혁명은 블라디미르 레닌의 지도 아래 볼셰비키[36]들이 이루었으며, 마르크스의 사상에 기반한 20세기 최

---

35) 칼 마르크스가 집필하고 프리드리히 엥겔스가 편집한 서적. 1859년 마르크스의 저술 '정치경제학 비판을 위하여'의 연장선상에서 집필되었다. 참고로 "자본론"이라는 단어는 일본어 번역을 그대로 베껴온 것(중역)으로, 직역하면 "자본"이 옳다. 보다 정확히는 "자본-정치경제학 비판"이 원제라고 할 수 있다.

36) 구소련 공산당의 별칭. 소련공산당의 전신인 러시아사회민주노동당 정통파를

초이자, 세계 최초의 공산주의 혁명이었다.[37] 수많은 농민 노동 대중들은 이미 이들의 사상에 동조한 상태였고, 언제나 그렇듯 지주들의 땅을 몰수하여 무상으로 나누어 준다는 꾀임에 빠져 혁명가를 부르며 동조했다. 하지만 그 결과는 너무나 비참했다. 중앙공산당 지도부만 자유가 있을 뿐 대부분의 대중들은 협동 농장, 국영기업에 속하여 죽지 않을 만큼의 배급을 받으며 비참한 생활을 하였다.

1차 세계대전의 발발과 각성

1차 세계대전이란 위기 속에 인류는 역사상 최초로 소득 재분배 실험에 나서게 된다. 프랑스는 전비 조달을 위해 누진소득세를 의회에서 통과시켰다. 대공황과 전후 복구를 위해 뉴딜

가리키는 말로 멘셰비키에 대립된 개념이며, 다수파(多數派)라는 뜻으로 과격한 혁명주의자 또는 과격파의 뜻으로도 쓰인다.(네이버 지식백과)

37) 10월 혁명은 러시아 사회민주노동당이 분열하여 형성된 극좌 세력인 볼세비키가 일으켰다. 일련의 러시아 혁명 속에서 로마노프 왕조의 제정을 무너뜨리고 공화국을 탄생시킨 2월 혁명에 이은 두 번째 단계에 해당한다. 10월 혁명에서는 2월 혁명으로 출범한 입헌민주당(카데트) 주도의 임시정부가 쓰러지고 임시정부와 병존하고 있던 볼세비키 중심의 소비에트(노동자, 농민, 인민위원회)로 권력이 집중되었다. 이것에 이어 러시아 내전(1917~1922)이 일어나, 결국 1922년에 사상 최초로 공산주의 국가인 소련(소비에트 연방)이 탄생한다.

정책 등 진보적 정책이 시행됐고 미국은 복지를 제도화시켰다. 결과적으로 소득 불평등은 급속히 축소됐다. 분배·성장·고용이 모두 개선되는 전무후무한 일이 미국과 독일, 프랑스, 일본, 한국 등 모든 국가에서 일어나게 된 것이다.

이러한 소득 재분배의 황금시대는 또 다른 도전에 직면한다. 토마 피케티는 1945~1980년까지의 황금시대가 영국의 대처, 미국의 레이건의 등장과 함께 막을 내렸다고 분석한다. 그의 눈에 현시대는 불평등이 극에 달하고 재산을 가진 백인 남성에게만 '근사했던' 1차 세계대전 직전의 '벨에포크' 시대와 흡사하다고 말한다.

피케티는 전작에서 정의한 대로, 21세기는 세습자본주의 시대다. 그는 불평등을 해결할 대안으로 사회국가, 누진소득세, 세계자본세를 제시했는데 이 책은 이런 대안을 현실로 가져올 힘이 정치에 있음을 강력하게 주장했다. 다시 정치철학이 등장하는 시대가 온 것이다. 재미있는 것은, 그는 책의 15장을 통째로 할애해 보수화된 브라만 좌파(학력·지식·자본·축적을 지향하는 좌파)의 문제를 꼬집고 있다는 점이다. 즉, 이 시대에 보편화적으로 나타난 세계적 현상 중 하나는 과거 노동자의 정당이었던 좌파 정당이 고학력·고소득자의 정당으로 변했다는 것이다.[38] 그러다 보니 진보 정당이라고 자처하는 자들이 가난한 저학력 유권자에 대한 관심이 적어지고 공공연한 능력주의 정당으로 변모하고 만 것이다. 이는 미국이나 서구 유럽이나 대한민국도 마찬가지이다. 결국 좌파들을 추종했던 저학력자들이 오히려 보수당을 지지하는 현상으로 나타난다고 피케티는 말한다.[39] 브라만 좌파가 사민주의 계열 정당을 지지하는 고학력층을 뜻한다면, 상인 우파는 전통적으로 보수당을 지지해온 자본가와 부유층을 가리킨다. 브라만 좌파는 상인 우파와 어떤 동질성 혹은 유사성을 공유한다고 그는 말한다.

> "브라만 좌파는 학문에서 노력과 능력을 믿는다. 상인 우파는 사업에서 노력과 능력을 믿는다. 브라만 좌파는 학력, 지식, 인적 자본의 축적을 지향한다. 상인 우파는 화폐, 금융자본의 축적에 의거한다."[40]

---

38) 피케티는 1970년대까지 주로 노동자계급을 지지기반으로 삼았던 사민주의 계열 정당이 점차로 고학력자를 대변하게 되면서 '브라만 좌파'로 변질했다고 말한다.

39) 토마 피케티 지음, 안준범 옮김『자본과 이데올로기』(문학동네). 피케티는 1980년대 이후 이렇게 불평등이 커지는 데 정치가 결정적인 역할을 했으며 이 정치에서 '브라만 좌파와 상인 우파' 체제가 가동됐다고 말한다.

40) 물론 브라만 좌파와 상인 우파의 이해관계가 항상 일치하는 것은 아니다.

항상 기득권을 유지해온 전통적 상위 자산 보유자들의 정당인 보수 정당도 가난한 50%를 위해 여러 가지 포퓰리즘 정책을 만들어 낸다. 예컨대, 민족주의 정서, 일자리 지키기 정책으로 유인하는 것이다. 결정적으로 피케티는 "브라만 좌파와 상인 우파(금융자본 축적을 지향하는 우파) 모두 현행 경제체계와 지식 엘리트와 금융 엘리트 양쪽에 모두 이득이 되는 현재의 세계화 양상을 지지한다"고 꼬집는다. 브라만 좌파와 상인 우파의 시대, 즉 다중 엘리트 체계는 지배계급을 용인하는 삼원사회로의 회귀라고까지 비판하고 있다.

그러면서 피케티가 인도하는 결론은 무엇인가?

그것은 '사회연방주의'라는 것이다. 그 내용을 들여다보면 모든 세금을 누진소유세로 통합하고. 부의 대물림을 막고 사적 소유의 개념을 일대 전환시키자는 것인데, 지금 170석이 넘는 좌파정당인 더불어민주당은 나름 피케티의 이론에 맞추어 착착 토지공개념, 부유세, 보유세 등등을 제정하고 통과시키기 위

브라만 좌파는 자신들의 관심사인 교육제도와 문화예술의 재원을 조달하기 위해 세금을 높여야 한다고 주장함으로써 상인 우파와 갈등을 빚기도 한다. 그러나 브라만 좌파가 주장하는 세금 인상은 일정한 선을 넘지 않는다. 브라만 좌파와 상인 우파는 교대로 정권을 장악하거나 때로는 공동으로 집권하기도 한다. 이런 양상은 근대혁명 이전의 삼원사회에서 나타난 사제-귀족 지배체제의 복사판에 가깝다.

https://www.hani.co.kr/arti/culture/book/947017.
html#csidx36f63c3ccbec4d09f1837ad5a01dabf

하여 다양한 방법으로 실천하고 있다.

기본 소득 문제

더불어민주당의 대권 주자들부터 언급하기 시작한 기본소득제는 드디어 제1야당인 '국민의힘'에서도 언급을 하기 시작한다. 이 역시 피케티의 주장에서 파생한 것으로 본다. 그는 25세의 유럽 청년들에게 성인 평균자산의 60%인 12만 유로를 지급하자는 급진적 기본소득[41] 실험까지 제안하고 있다. 누가 보아도 이것은 사적 소유의 극복이 불평등을 해결할 수 있다는 급진적 주장은 인간의 본성을 무시한 가설로 보인다. 그는 마르크스의 주장인 "평등과 교육을 위한 투쟁이 경제 발전과 인류 진보를 가능케 했다."는 신념을 여전히 신봉하고 있는 몇 안 되는 신념주의적 학자이다.

---

41) 피케티는 '기본소득'이라는 어휘보다는 '최저소득'이라는 어휘를 선호한다. 기본소득(revenu universel)이라는 어휘는 마치 그것이 모든 복지와 불평등의 문제를 해결할 수 있는 것 같은 뉘앙스를 지니고 있다는 것이 그의 생각이다. 현실적으로는 생존을 지탱할 수 있게 하는 기초생활비를 의미하는 것일 뿐이니 말이다. 나라마다 그 비용은 조금씩 다르겠지만 500유로에서 600유로 정도를 넘지 않는 것이 좋다고 한다. 이 정도 금액은 기본소득이라고 부르기보다 최저소득이라고 부르는 게 맞다는 것이다. 출처 : https://www.sedaily.com

하지만 제한은 있다.[42] 적정한 소득이 있는 사람에게는 이런 소득을 지급한다는 게 별다른 의미가 없기 때문이다. 소득이 많은 사람에게도 기본소득을 지급하고, 세금으로 다시 가져갈 필요가 없다고 본다. 그보다는 '최저소득' 수혜자의 범위가 좀 더 넓게 확대되고 체계화되는 것은 필요하다는 것이다. 그의 생각은 사적 소유(자본)를 나눠 가져야 한다는 주장은 고전적 자본주의나 사회주의 어디에도 맞지 않다. 사적 소유에 있어서 가장 큰 불평등이 있기는 하지만 20세기를 거치며 소득과 급여의 불평등은 많이 줄어들었기 때문이다. 물론 자산의 집중 현상은 다양한 방법으로 해결책을 강구해야 한다.

이처럼 정치철학은 반드시 실천적 실제적인 대안을 제시하게끔 되어있다. 인간이 나는 이런 생각(철학)을 가지고 있다고 이야기하는 것은 곧 나는 이런 대안을 구체적으로 제시하고자 한다는 말과 같은 것이다. 정치인에 대해 검증하고 그를 추종하며 함께 하기 위해선 반드시 정치철학을 이해해야 하고, 그의 행동을 유발하는 동기가 무엇인지를 제대로 파악해야 하며 그

---

42) 기본소득제의 도입을 세계 차원에서 논의하기 위해 만들어진 BIEN(Basic Income Earth Network)은 기본소득을 '자산조사와 근로에 대한 요구 없이 모든 개인에게 무조건 교부되는 주기적 현금'으로 정의한다. 최근 한국에서는 청년과 농민 등 일부 인구집단을 대상으로 현금을 지급하는 현금지원프로그램이 지방자치단체에 의해 제도화된 바 있다. — 프레시안(http://www.pressian.com)

원천적 뿌리가 크게는 사회주의적인지 아니면 수정적이긴 하지만 자유시장적 자본주의적인지를 알아야 한다. 원칙과 대전제가 다르면 그 마지막 결과는 너무나도 다를 수 있다는 것을 알기에 우리는 힘겹고 지겹더라도 이에 대한 이해와 대책을 강구해야 한다.

전 세계적인 위기 앞에

미국의 주류 언론들은 작년 "트럼프, 코로나 이후 권력을 잃을 가능성 높아"질 것이라고 연일 보도했다. 그리고 팬데믹은 어떤 모양으로든지 트럼프의 패배를 가져왔다. 역사를 살펴보면, '코로나19' 같은 대규모 위기가 경제 문제에 대한 지배이데올로기를 변화시키는 경우들이 종종 있어 왔다. 유권자, 시위대, 시민들이 위기의 순간에 어떻게 행동하는지에 따라 그 결과는 달라지기 때문이다.

'코로나19'는 매우 모순적인 두 가지 결과를 동시에 가져왔다고 진단한다. 공공의료서비스 강화에 대한 시민들의 요구와 이를 위한 시민연대의 목소리가 첫째요. 또 다른 측면에선 기본소득이나, 최저소득 같은 복지체계 신설에 대한 논의가 활발하게 진행되고 있다는 것이다. 또한, 경계 강화와 국가중심주의, 민족주의를 강화할 수 있는 계기가 되었다. 전염병이라는 재앙이 중세 때처럼 이방인이나 외국인에 대한 두려움과 경계심을 키우게 했다. 이 때문에 일정한 사회적 퇴행도 왔다.

소득을 늘릴 수 있는 전통적 산업체계가 무너지기 시작하는 것도 이 시대의 현상이다. 또 이것은 결국 이미 가지고 있는 부와 자산에 대한 분배문제로 사람들의 눈을 돌리게 한다. 그래서 누진소유세와 누진소득세를 강화하는 쪽으로 좌파정당들이 몰아가고 있다. 소득이 점점 줄어들면서 오히려 자산자본가들은 더 많은 부를 가지게 되는 일도 심심찮게 일어나고 있다. 그리고 코로나 사태로 인한 지출을 언제까지나 국채로 해결할 수 없다. 이를 해결할 방안이 마땅치 않으면 사회전체주의가 다시 사람들에게 관심을 일으키고 더 큰 갈등의 불씨로 작용할 가능성이 높다.

이를 해결한 유일한 방안은 철학적 논의를 더 활발하게 하고 우리가 지지하고자 하는 그 정치인, 특히 이 책에서 알아보고자 하는 최재형 전 감사원장의 철학적 근원을 살펴 지지 여부를 결정하는 것이다. 전 세계적인 위기 앞에 PC주의는 점점 더 힘을 얻고 있다. 하지만 모든 일이 과유불급이라고, 이렇듯 PC에 동의하지 않는 사람들의 목소리도 커지기 시작했다. 심지어는 이런 반PC 기류를 타고 자신의 마음에 들지 않는 고정관념에서 벗어난 요소가 있으면 이를 무조건 'PC충(蟲)'이라며 비난하는 사람들도 개중엔 나타나기 시작했다. 이것은 곧 지지자들을 중심으로 충동을 일으키는 현상까지 만들었다. 앞서 언급했던 '조국백서'와 '조국흑서'로 드러난 갈등 말이다.

코로나가 만든 기본소득 지급

기본소득제에 대한 논란이 뜨겁자 기본소득제의 도입을 세계 차원에서 논의하기 위해 BIEN(Basic Income Earth Network)을 만들었다. 이들은 기본소득을 '자산 조사와 근로에 대한 요구 없이 모든 개인에게 무조건 교부되는 주기적 현금'으로 정의한다. 최근 한국에서는 청년과 농민 등 일부 인구집단을 대상으로 현금을 지급하는 현금지원 프로그램이 지방자치단체에 의해 제도화된 바 있는데, 이것은 어떻게 보면 위헌적 요소가 있다고 할 것이다. 또한 '코로나19' 상황으로 인한 경제 상황의 악화에 대응하기 위해 긴급재난지원금이 전 국민에게 지급된 것은 어쩌면 정교하게 짜여진 좌파들의 치밀한 전략이 아닌지 의심해봐야 한다. 이러한 프로그램들이 완전한 기본소득제 도입을 위한 평가판이라는 의심이 들기 때문이다. 물론 뒤에서 논의하겠지만 기본소득제의 도입이 필요성 자체는 충분히 논의할 만하다. 하지만 똑같은 제도라도 출발점이 다르다면 지향하는 바가 다르기에 결국 결과도 완전히 다를 수 있기 때문이다.

기본소득제의 도입을 주장하는 사람들이 근거로 제시하는

이야기가, 기본소득제의 전면화는 미래의 과제이지만 지금이라도 부분기본소득제는 시작해야 한다는 것이다. 그들은 순진하게 부분기본소득제로 출발하여 결국 완전기본소득제로 도착하는 생각이다. 프레시안의 주장에 따르면 "한국에서 소개되는 부분기본소득제의 하나는 충분성을 뺀 방식이다. 최근에는 긴급재난지원금이 부분기본소득제의 하나라면서 재난기본소득이라는 명칭을 사용하는 경우도 등장했다. 이러한 프로그램도 기본소득제의 하나라면 그것은 결코 새롭지 않다."[43] 사회보장제도에는 이미 이것이 사회수당(Demogrant)이라는 이름으로 포함되어 있기 때문이라는 것이다. 즉 복지의 발전이 상대적으로 늦은 한국에는 2018년 9월에야 아동수당이라는 제도가 도입되었지만, 프랑스는 1932년, 영국·체코는 1945년부터 시행 중이기 때문에 청년수당, 근로복지수당. 실업자수당과 같은 부분기본소득을 굳이 새롭게 정치사회적 이슈화하는 것은 옳지 않다는 주장이다. 하지만 앞으로 수 년 내지는 십수 년은 계속해서 좌

---

43) 일본, 홍콩, 싱가포르도 전 국민을 대상으로 한국과 같은 형태의 현금 지급을 시행하고 있기 때문이다. 전 국민에게 현금을 지급한 사례는 과거에도 있었다. 일본은 2009년 자민당 아소 다로 정권 시절 정액급부금제도를 실시한 바 있다. 물론 일본이나 홍콩, 싱가포르에서 이러한 제도들을 (부분)기본소득제라고 부르지는 않는다. 정기성이라는 중요한 속성을 가지지 않기 때문이다. 하지만 한국에서는 이러한 제도를 기본소득제의 하나라고 주장하기도 하니, 그런 것이라면 새로울 것이 뭐냐는 것이다. 프레시안, 홍경준 2020.08.03. (http://www.pressian.com)

파들은 이것을 이슈화하여 그들의 표밭을 관리할 것이 분명하다. 그렇다면 이들의 주장과 선동에 대응할 수 있는 더 나으면서도 깊이 있는 기본소득제에 대한 대안들을 철학적 근거 위에 만들어야 할 것이다.

재원마련을 위한 창의적 아이디어

기본소득문제를 사회보장제도의 하나로 접근하는 방법과 소득재분배 혹은 자본재분배의 개념으로 접근하는 방법이 있다. 전자는 자유민주 자본주의 제도가 택하는 길이고 후자는 좌파 사회주의적 제도를 추구하는 세력들이 취하는 방법이다. 좌파 사회주의자들은 소득계층들 사이의 수직적 재분배를 강조한다. 그래서 고소득층으로부터 저소득층으로 소득을 이전하는 것이 제도를 만드는 근본적 이유이다. 이러한 견해를 가진 사람들은 한국의 사회보장제도가 경제·사회적 약자보다 강자에게 더 후한 급여를 주고 있기 때문에 그 원래의 기능을 수행하지 못하고 있다고 비판한다. 그래서 기본소득제의 도입을 주장하는 것이다. 물론 명분은 '모두를 위한 실질적 자유'를 위해서라고 한다. 그리하여 모든 특권적 자원의 향유로 얻어진 추가소득을 조세로 환수하여 모든 사회 성원에게 평등하게 재분배해야 한

다고 말한다.[44]

하지만 자유민주주의적 시장자본주의의 입장은 사회보장제도와 복지국가의 핵심기능을 소득계층들 사이의 수직적 재분배로 보는 생각이 낡은 것이며, 사회보장제도의 핵심기능은 소득계층들 사이의 수직적 재분배가 아니라 사회적 위험의 분산으로 인식하여 아이디어를 짜내는 것이다. 더 나아가 소득계층들 사이의 수직적 재분배에서 사회적 위험 분산으로 그 기능이 전환되었기 때문에 그것이 질적·양적으로 더 발전할 수 있었고, 사회 구성원들에게 더 많은 편익을 줄 수 있었다고 본다.[45]

그래서 예를 드는 것이 실업이다. 실업이라는 중대한 사회위험을 생각해볼 때, 숙련 전속성(專屬性)이 큰 기능직 고소득자의 실업 위험이 숙련 전속성이 작은 노무직 저소득자의 실업 위험

---

44) 사회보장제도이든, 복지국가 프로그램이든, 기본소득제이든 고소득자의 소득을 환수하여 현금으로 재분배하는 것이 가장 중요하다고 여기는 것이 골자인데 근저에는 사회주의적 복지의 색채가 강하다.

45) 사회위험 분산의 기능을 잘 수행하는 제도는 재분배에도 긍정적인 효과를 산출한다. 일반적으로 고소득층보다는 저소득층이 사회위험에 더 많이 노출되어 있을 가능성이 큰 반면, 재원부담은 지불능력을 고려하여 이루어지기 때문이다. 사회위험 분산 기능은 복지를 통해 이득을 얻는 수혜자의 범위를 확장하는 경로를 통해 소득재분배 효과를 높이기도 한다. 또한, 사회위험 분산 기능은 복지를 통해 이득을 보는 사람들의 범위를 확장함으로써, '복지동맹'의 형성을 가능케 하고, 대의 민주주의 하에서의 정치적 지속가능성도 높인다. 프레시안.

보다 너 낮다고 단언하긴 어렵다는 것이다. 질병, 노령, 돌봄과 같은 사회위험도 역시 마찬가지이다. 소득 지위와 위험 지위가 일치하지 않기에 다양한 집단(빈자와 중산층, 큰 숙련 전속성을 가진 노동자와 기업)이 복지동맹으로 연대할 수 있고, 정치적 다수가 될 수 있다고 보는 것이다.

반면 기본소득제를 주장하는 사람들은 기본소득제를 포함한 사회복지제도의 핵심기능을 주로 재분배와 관련하여 이해하는 데, 그 이유는 소득계층들 사이의 재분배에서 위험집단들 사이의 사회적 위험 분산으로 발전해온 그간의 경과는 물론이고, 그러한 발전의 의미와 효과를 충분히 고려하지 않는 것이다. 전통적인 보수의 생각은 "생활보장체계는 다양한 요소들이 얽혀서 조직화 된다"는 것이다.[46]

무상 몰수, 무상 분배의 재연

기본소득제를 주장하는 사람들은 그들만의 철학적 기초가 당연히 있다. 그래서 모든 인간의 행위는 철학적 바탕 위에서 행하여 한다고 보는 것이다. 대학에서 처음 철학 수업을 들을

---

46) 프레시안(http://www.pressian.com)
　　https://www.pressian.com/pages/articles/2020072710303142973#0
　　DKU

때 철학 교수가 했던 말이 아직도 잊혀지지 않는다.

> "철학이 뭐냐! 사람은 생각의 신념 위에 행동하도록
> 만들어진 존재로, 하숙집 아주머니도 철학적 바탕 위에서
> 하숙집을 운영하기 때문에 '철학자'라고 말할 수 있다."

그런 측면에서 기본소득의 전면적·수직적 실시를 주장하는
그들은 그들의 철학적 근거가 "모두를 위한 실질적 자유"로서
"사회 관계가 낳는 모든 특권적 자원에서 파생하는 추가소득의
재분배가 이를 실현할 수단"이라고 말한다. 한마디로 말하자면
불로소득이라고 할 수 있는 증여나 상속, 혹은 토지보유 자본
보유로 인하여 얻은 소득들을 국가가 법률로 강제적으로 재분
배하는 방안으로서 기본소득제를 실시하자는 것이다. 이는 따
지고 보면 과거 토지에 대해 '무상 몰수, 무상 분배'를 남로당
당원모집 구호로 사용했던 때와 다르지 않다. 왜냐면 기본소득
제를 주장하는 모든 사람들이 가장 중요하다고 생각하는 속성
은 적용대상의 보편성과 급여자격의 무조건성이기 때문이다.

결론적으로 말해, 인간의 생활을 보장하는 집합적 방식들
인 생활보장체계는 다양한 제공 주체와 전달체계, 급여와 재원
들이 복잡한 방식으로 결합된 것이며, 저마다 서로 다른 역할
을 수행하는 수많은 이해관계자들의 네트워크라는 점에서 볼

때, 이것이 강제로 부과되거나 법률로 무조건적으로 적용하겠다는 것은 전체주의적 발상 이상도 이하도 아니다. 이러한 일련의 행위들을 볼 때 정치철학은 국가의 모든 영역, 정치·경제·사회·법률·언론과 종교의 영역까지 구체적인 행동의 변화를 유도하는 문제라는 것이 확실해진다. 따라서 건전한 정치철학을 가지고 사회 변화와 인식 전환을 가져오는 행위는 인간 세상의 필연적인 현상이므로 제대로 된 정치철학을 가진 지도자를 엄선하여 이를 공개하고 국민 대다수의 검증을 받은 다음 반드시 직접 투표에 의하여 선출되도록 하는 것은 자유민주주의 근간과 가치를 지키는 매우 중요한 일임을 깨달아야 한다.

5. 대한민국이 택해야 할 정치철학

자본론과 국부론 그리고 민부론

21세기 들어 철지난 정치철학을 논한다는 것이 아이러니하지만 작금에 들어 이러한 이념적 논쟁은 더 심화되고 양쪽 진영 간의 갈등은 더 심화되고 있는 것이 사실이다. 아니 2020년 들어 전 세계적인 '코로나19' 팬데믹과 각국 선거에 나타난 부정(不正) 의혹, 즉 무결성이 깨어진 사건들은 선거(조작)를 통한 새로운 혁명의 시작이 아닌가 여겨지고 있다. 그런 측면에서 현재 전 세계적으로 나타나고 있는 이 모든 상황들은 정치철학에 대한 이해가 없이는 파악도 해결도 어렵다는 것이다. 홍기빈 글로벌 정치·경제연구소장은 자신의 번역서에서 이같이 말한다.

"경제학적으로 『자본론』은 미완성이 아니라 실패한 책이다. 철학적으로 마르크스는 유물론자가 아니라 독일 관념론의 전통 위에 서있다. 정치학적으로는 프롤레타리아 혁명만 고집한 게 아니라 노선이 계속 바뀌었다."[47]

이 정도면 마르크스주의의 밑둥을 베는 정도가 아니라 그냥 뿌리째 뽑아버리자는 얘기라고 토를 단다. 마르크스주의의 신학대전이라 할 수 있는 '자본론'을 부인한다는 것은 사문난적(斯文亂賊)에 가깝다는 것이다.

"세계경제 위기가 닥쳤을 때 마르크스주의 좋아한다는 사람들이 '마르크스가 옳았다!'고 외치더군요. 전 심각하게 반성해야 할 일이라 봅니다. '자본론'은 공황을 과학적으로 규명하지도 못한 책일뿐더러, 우파 중에 오늘날 시장경제를 얘기하기 위해 애덤 스미스 '국부론'으로 돌아가자고 하는 사람 봤습니까. 좌파는 왜 아직도 '자본론'입니까? '정통' 마르크스주의, '고전적' 마르크스주의를 버려야 21세기 현실을 헤쳐나갈 수 있을 것입니다."[48]

---

47) 개러스 스테드먼 존스. 'Karl Marx: Greatness and Illusion' '카를 마르크스—위대함과 환상 사이, '홍기빈 역. 2016. 서울 아르테 출판사.

48) 위의 책.

아직도 케케묵은 마르크스주의를 저격하는 이유는 마르크스에게선 "일관성이라고는 찾아보기 힘들게 이 방향으로 저 방향으로 선불 맞은 멧돼지처럼 돌진하고 쓰러지고, 또 돌진하고 쓰러졌기" 때문이라고 말한다. 칼 마르크스. 그를 이상화하는 사회주의자들은 인류에게 지혜를 가져다 준 프로메테우스에 비유했다. 하지만 홍기빈이 보기엔 인류해방을 위해 매진했던 시지포스에 불과했다고 말한다. 한 마디로 그 시대에도 맞지 않았지만 이 시대는 더더욱 맞지 않는 철학이요 이론이란 것이다. 소련이 망하고 동구권이 해체되면서 사회주의에 대한 환상은 깨졌다. 하지만, 일관된 체계적 사상가라는 마르크스에 대한 환상은 여전히 남아 있다. 이러한 환상이 프랑스의 안토니오 그람시에 의해 진지전으로 나타났고 현재에 와서는 PC주의로 나타난 것이다.

그의 철학은 1920년대 후반과 1930년대에 책으로 설파되었다. 그가 쓴 『옥중 수고 선집(Selections from the Prison Notebooks)』(1971)이란 책으로 인해 한때 서구사회에선 '그람시 르네상스'가 일어났다.

그람시는 이탈리아의 사상가며 정치혁명가였다. 이탈리아 공산당 창당을 주도하고 무솔리니의 파시즘에 맞서 싸우다 감옥에 갇혔다. 죽기 전까지 남긴 그의 저작들로 인해 꺼져가던 좌파의 자본론적 이데올로기는 변이를 일으켜 21세기까지 끈질긴 생명력을 유지하고 있다. 그가 사용한 정치·사회사상의 용어들은 진보건 좌익이건 나름 헤겔적 철학을 한다는 자들에게 심원한 영향을 미쳤다.[49] '헤게모니', '시민사회', '진지전(陣地戰)', '포드주의', '유기적 지식인', '수동적 혁명', '역사적 블록' 등 그가 주조한 개념과 이론은 현대 자본주의가 정치·문화적으로 어떻게 재생산되고, 자본주의를 넘어서기 위해선 어떤 실천적 대안을 모색해야 하는지에 대해 인문·사회과학 전반에 새로운 통찰을 안겨줬다.

헤게모니에서 포드주의까지

그람시가 감옥에 갇혀 있던 1926년에서 1935년까지 대학노트 32권에 무려 2,800쪽이 넘는 방대한 초고를 남겨 놓았는데 후일 이 초고를 중심으로 선별해 편집한 저작이 『옥중 수고 선집』이다. 나름 그람시는 종합 인문학자이자 사회과학자였다고

---

49) 〈옥중 수고 선집〉이 출간된 이후 그람시 사상에 대한 연구와 토론은 지구적으로 진행됐다. 서구사회는 물론 비서구사회에서 그람시주의자를 자처한 이들이 결코 적지 않았다. 그람시의 발견으로 인해 전후 사상은 더욱 풍성해졌을 뿐만 아니라 세련된 정치적 대안을 추구할 수 있었다. 그람시는 비록 혁명가로선 실패했지만, 정치·문화적 사유의 영토를 확장시킨 사상가였다.

자처한다. 여기서 나온 '시민사회'와 '헤게모니'라는 개념은 그람시 사상의 독창성을 보여주는 것들이다.[50] 이 이론을 통해 현대 좌파들은 정부 전복을 위한 방편으로 시민단체들을 조직하고 이들을 통해 시민이란 방패로 '진지전(陣地戰)'을 펼치는 것이다.[51]

'포드주의'는 그람시의 또 다른 독창성을 보여주는 개념이다. 1910년대 미국에서 등장한 자본주의 생산방식인 포드주의는 대량생산과 대량소비를 가능하게 함으로써 노동계급이 계급적 자의식을 상실하는 결과를 가져온다고 그람시는 분석했다. 이를 돌파하는 것이 강성노조의 결성과 지배로 나타난 것이 오늘의 현실이고 현재까지 문 정권이 정권을 잡고 좌파들이 지방권력과 의회권력을 장악한 것도 30년 가까이 가꾸어 온 진지전과

---

50) 그의 이론에 따르면 한 사회의 상부구조는 강제의 영역인 좁은 의미의 '국가(정치사회)'와 '사적'이라 불리는 유기체들의 총체인 '시민사회'로 구성된다. 그가 이렇게 상부구조를 국가와 시민사회로 구분한 것은, 부르주아 지배가 억압적 국가기구만을 통해 이뤄지는 게 아니라 시민사회에 뿌리내린 다양한 제도 및 실천(교회, 학교, 언론 등)을 통해 유지되고 있음을 간파했기 때문이다. 헤게모니란 바로 이 시민사회에서 지배계급이 지적·도덕적 지도력의 행사를 통해 창출하는 피지배계급의 자발적 동의를 말한다.

51) 그람시가 헤게모니를 주목한 까닭은 이탈리아에서의 사회주의 이행 전략의 모색에 있었다. 시민사회가 허약한 러시아에선 국가에 대한 직접적인 투쟁인 '기동전'이 중요한 반면, 시민사회가 강력한 서구에선 시민사회 안에서의 헤게모니를 획득하기 위한 '진지전'이 중요하다는 게 그의 주장이었다.

포드주의에 대한 반발로 이루어낸 결과들이라 할 수 있다.

서구사회에선 그람시의 이론과 전략을 둘러싸고 이탈리아 안과 밖에서 이론적·경험적 논쟁들이 이뤄졌다. 하지만 우리나라는 19대 대선을 통해 좌파들이 정권을 차지하기 전까지는 사실상 모르고 있을 정도로 은밀하게 진지들이 구축되었다. 이처럼 그람시 사상이 현대사회에 미친 영향 중 하나는 민주주의의 재구성에 관한 것이었다.[52] 1980년대 민주화 세대가 그람시 사상을 본격적으로 한국에 퍼뜨렸다. 최장집 고려대 명예교수의 '그람시의 헤게모니 이론'(《한국 현대 정치의 구조와 변화》(1989))과 임영일 전 경남대 교수의 '그람시의 헤게모니론과 이행의 문제들'(『국가, 계급, 헤게모니: 그람시 사상 연구』(1985))은 선구적인 연구들이라 할 수 있다.[53]

---

52) 이탈리아 이론가이자 정치가인 피에트로 잉그라오는 헤게모니와 대항 헤게모니의 대결장으로서의 시민사회에 주목해 대의민주주의와 기층민주주의의 유기적 결합을 현대 민주주의의 새로운 대안으로 제시했다. 이러한 논리는 그리스 출신의 정치학자 니코스 풀란차스는 물론 환경·여성·평화의 신사회운동들과 브라질 노동자당 이념에 중대한 영향을 미쳤다.

53) 최장집 교수가 〈옥중 수고〉를 중심으로 헤게모니의 정치이론을 분석했다면, 임영일 교수는 헤게모니와 진지전·기동전을 중심으로 그람시의 변혁 이론을 조명했다.

좌우를 뛰어넘는 정치철학

1980년대 말부터 우리나라에서도 마르크스와 엥겔스의 사상을 다룬 수많은 책들이 쏟아져 나왔다. 이들이 또 북한의 김일성이 만들었다고 알려진 주체사상이론도 받아들였다. 저들은 이탈리아의 진보적 지식인 그람시 같은 생각으로 김일성의 주체사상을 철학의 한 분파 정도로 여기고 받아들였다. 그래서 국내에선 흔히 'NL'과 'PD'로 대별(大別)되는 두 부류의 운동권이 태동하게 되는 것이다. 그중 NL은 민족해방파(民族解放派, National Liberation; NL)라고 하는데, 1980년대 이후 대한민국의 민주화 운동, 진보 운동권에 존재하는 정파이다. 민중·민주파의 별명인 '평등파'와 대비하여 '자주파(自主派)'라고도 불렸다.[54]

특히 이들은 NLPDR 사상을 기반으로 좌익 민족주의와 반미주의를 특징으로 하였다. 특히 사상의 모본으로 주체사상을 내세운 정파를 주체사상파로 특칭하며, 노선투쟁 이후 NL파의 주류를 이루게 되었다. 민족 해방파(NL)는 제국주의 대 민중을 대립관계로 보고 모든 투쟁에서 항상 반미 자주화를 기본적 투쟁노선으로 설정하였다.[55] 주체사상파(주사파)는 조선민주주의인

---

54) 위키백과 정의.

55) 조선로동당의 지도 이념인 주체사상을 수용하여 형성된 주체사상파(약칭 '주사파') 정파가 있으며, 다른 정파인 '비주사 NL' 또는 'NL-left'는 이와 달리 본래 제헌의회파(CA) 계열이었다. 위키백과.

민공화국의 국가 이념이자 조선로동당의 지도 이념인 주체사상을 신봉하며, 민족해방 계열의 영향력 있는 파벌 중 하나이다.

김영환이 1986년 '강철서신' 시리즈로 배포된 문건에서 '수령론', '품성론' 등 주체사상을 대학가와 노동계에 퍼뜨리면서 주사파가 형성되기 시작했다. 강철서신은 당시 운동권에서 다수를 점하고 있던 NL파 중 다수가 '주사파'로 변신하는 계기를 만들었다.[56]

이들이 진지전과 헤게모니전을 통해 장악한 대한민국의 정치권은 김대중 이후 거의 20년을 국가권력을 쥐락펴락할 정도로 그 영향력이 커졌다. 이웃 일본의 경우 비슷한 학생 좌파 운동인 적군파 운동이 과격한 무력 활동을 하다 결국 국민들로부터 외면을 당해 사라진 것과는 차별된다. 왜냐면 이들은 핵심 싱크탱크인 북한의 통일전선부로부터 지속적인 사상적·전략적 지원을 받았기 때문이다. 뿐만 아니라, 소문으로만 들려오던 이른바 가난한 고시생들에게 돌려진 김일성 장학금의 여파가 오

---

56) 5·18 민주화 운동을 노동자 투쟁으로 해석한 민중·민주 계열과 달리 민족해방 계열은 미국이 전두환을 지지하여 5·18 민주화운동에 대한 폭력 진압을 방관했다고 해석했으며, 미국의 정체를 바로 보자면서 반미를 강조했다. 민족해방 그룹은 미국과의 심정적 결별과 과학적 학생운동론의 등장 이후, 1985년 말 무렵에 고려대학교와 서울대학교에서 시작되어 통일 운동에 앞장서면서 학생 운동권의 주류로 등장했다.

늘날까지 그 영향력을 행사하고 있기 때문이다. 그래서 누군가
는 한국에서의 철학적 이념적 전쟁은 아직 끝나지 않은 전쟁이
라고 말하는 것이다.

이제 마무리 단계

2020년 이후 전 세계적인 팬데믹과 디지털 사회주의의 성
공적 혁명은 전통적 좌파 사회주의마저 마무리 단계에 접어들
도록 했다고 말할 수 있다. 사실 칼 마르크스(1818~1883)가 산업
혁명 후반기가 아닌 전반기에 활동했다면 『자본론』이 아닌 『국
부론』에 준하는 저서를 남기지 않았을까라고 말을 하는 사람들
이 많다. 물론 마찬가지로 애덤 스미스(1723~1790)가 산업혁명 전
반기가 아닌 후반기에 활동했다면 『국부론』이 아닌 『자본론』과
유사한 저서를 남겼을지도 모른다. 기실 이론과 주의·주장은
한 시대에 대한 경험과 분석을 통하여 현실문제에 대한 나름대
로의 해법을 추구하기 때문이다. 시대가 바뀌면 철학도 관점을
바꾸어야 하고 이념도 자신의 한계점을 돌아보고 빠르게 대처
해야 한다. 예를 들면 독일의 철혈재상 비스마르크가 의료보험
제도(의료 보험법, 1883년)를 처음 도입했다는 사실이 이것을 증명한
다. 그렇게 한 이유는 러시아에서 레닌이 공산주의 혁명을 전
개하는 것을 보고 독일 바이마르 공화국이 복지국가를 지향했

기 때문이다. 즉 자본주의와 시장경제가 안정적으로 발전하기 위해서는 사회적 갈등이 심화 되기 전에 선제적으로 대처할 필요가 있다는 것을 우리에게 시사해준다.[57]

새로운 정치철학의 필요성

지난 5년은 참으로 대한민국의 현실이 빠르게 흘러갔다. 저들이 말하는 '촛불'(2016년) 혁명이 다시 지금 '촛불 이후의 민주주의'에 대해 길을 묻고 있는 지경이다. 정치란 것이 생래적으로 지배의 논리일 뿐이라고 믿거나, 한낱 이벤트나, 거창하게는 '스펙터클'로 변한 지 오래라고 체념하는 사람들이 있다. 하지만 여전히 정치가 대중의 고단한 삶을 변화시킬 인간의 역능에 속하고 또 그래야 한다고 믿는 사람들도 있다. 빅테크 기술이 선사한 디지털 사회주의는 결국 대중을 정치의 객체가 되게 하고 기껏해야 '손가락 혁명'에 동원되는 유권자 이상이 못 되게 만들었다. 이런 반성이 하나둘 터져 나오면서 대중들은 이것을 타개할 정치 담론의 출현에 목말라 하고 있다.[58]

앞서도 언급했지만 전세계는 네트워크화가 되어 한국의 정치가 흡사 미국의 그것을 이미 닮아 버린 것을 느끼게 한다. 공

---

57) 시사오늘(시사ON)(http://www.sisaon.co.kr)

58) 현대 정치철학의 네 가지 흐름. 한국철학사상연구회 지음. 서울 : 에디투스. 2019. 서문.

화당과 민주당, 더불어민주당과 국민의힘당. 오바마와 트럼프, 노무현과 이명박. 박근혜와 문재인 이렇게 진자추 운동과도 같은 반복이 앞으로도 되풀이되리라는 우려가 있다. 이는 단지 가상이 아니라 현실로 굳어질 것 같은 어떤 기시감과 불안 때문이라고 말하는 사람들이 있다.[59]

아무튼 20세기 초·중반을 짓눌렀던 '전체주의'에 대한 반성으로 시작하여 팬데믹 이후 먹거리 문제와 주거문제, 소유와 분배문제와 같은 거시적인 주제 외에 페미니즘과 성평등 같은 미시적인 주제까지 모두 다 새로운 정치철학을 요구하고 있다. 철학적 담론이 필요한 이유는 우리는 늘 자신 속에 갇혀 한계 안을 맴돌 수밖에 없기 때문이다. 그래서 사유하는 사람이 필요하고, 사유를 체계적으로 정리하는 사람도 필요하며, 이것을

---

59) 촛불의 봉기는 정치에 대한 가장 급진적인 성찰이었지만, 오늘의 정치가 보여주는 진퇴와 교착을 앞에 두고 촛불의 대중은 적극적인 행위자이기보다 무기력한 목격자에서 좀처럼 벗어나지 못하고 있다. 문재인 정부가 실패하지 않기를 바라는 염원에는, 민주주의는 고정된 무엇에 대한 이름이 아니라 끝없이 재발명되지 않으면 안 되며, 보다 인간다운 삶의 조건을 창출하기 위해 지금보다 더 멀리 밀고 나가지 않으면 안 된다는 절박함이 깃들어 있다. 공허하고 지루한 반복을 분절하고 "인민들이 스스로에 대해 권력을 갖는 것으로 간주된 실존"이라는 민주주의 본연의 의미를 되찾기 위해서는 지금, 여기에서 다른 정치적 사유의 장소를 만들어 내는 작업이 그래서 긴요하고 긴급한 과제가 아닐 수 없다. 현대 정치철학의 네 가지 흐름. 한국철학사상연구회

삶의 각 영역에서 실천의 요소로서의 법과 제도로 녹여낼 사람도 필요한 것이다. 정치철학자들이 행하는 사유의 핵심들을 속류화시키지 말고 그것을 가치 있게 받아들이는 진지한 수고와 노력, 그리고 그것을 가능하게 하는 정치인들의 포용이 결국 현실을 넘어 더 나은 시대를 만드는 결과가 될 것이다. 이러한 작업들이 결국 우리 자신의 정치적 사유의 자산이 되기 때문이다.

6. 예고된 디지털 전체주의 시대

음모(陰謀)로 보기엔

2020년은 영원히 기억될 해일 것이다. 어떤 이는 2020년이 새로운 밀레니엄이 시작된 해라고 말하기도 한다. 그도 그럴 것이, 인간이 유사 이래 최고의 기술 문명과 IT 문명을 일구어 놓았음에도 불구하고 최적으로 적용하기가 힘들었는데, '코로나19'라는 전 세계적인 호흡기 바이러스 감염증으로 인해 팬데믹이 오고, 이로 인해 빅테크, 빅BT(BIG BIOTECH) 산업이 수십 년이나 앞당겨질 정도로 확산되게 되었기 때문이다. 그런데 이러한 현시대의 현상들을 지금으로부터 10년 전 미국 록펠러 재단[60]에서 예상 시나리오를 완벽하게 예측하고 이에 대한 프로세

---

60) 미 록펠러 재단*은 미래에 다가올 도전에 효과적으로 대처하고 새로운 기

스를 제시했다는 것이다.

이 시나리오는 미래의 도전에 효과적으로 대처하고 새로운 기회를 적극 활용하기 위해 기술발전 방향 및 혁신 활동 등을 포함한 미래 로드맵으로 제시된 것이었다. 이 시나리오는 '정치와 경제의 일치도(수출입 범위와 국제 문제해결 네트워크 수준 등)', '변화에 대한 적응 역량(외부 압력으로 인한 신규 시스템으로의 전환 능력 등)'을 분석틀로 하여, '강한 통제사회', '함께 잘 사는 사회' 등 4개의 사회 양상과 기술혁신 활동을 제시하고 있는데, 이를 통해 정부와 기업 등의 미래에 관한 전략적 의사결정의 가이드라인을 제공하는 것을 목적으로 연구되었다. 여기엔 불확실성의 축의 양 극단을 가정한 4개의 미래 시나리오가 제시되고 있는데, 경악할 정도로 10년 뒤인 2020년의 상황을 족집게처럼 맞추고 있다.[61]

회를 적극 활용하기 위하여 미래 시나리오를 제시, *The Rockefeller Foundation : 인류복지 증진을 목적으로 하며 미국의 기술, 사회 및 경제의 세계화를 연구하는 법인재단으로 1913년에 설립 본 보고서에서는 각 시나리오별로 기술발전 방향 및 혁신활동 등을 포함한 포괄적인 미래 모습을 제시하고 있다. 「록펠러 재단이 예측한 미래 시나리오」

61) 이 보고서를 읽어 보면, '작두 탄 무당'이 따로 없다는 생각이 든다는 누군가의 말이 맞다. 지금으로부터 11년 전 5월 어느 날 발간된 시나리오 보고서에, 거기에 써 있는 모든 것이 '그대로' '현실'이 되어 하나 둘씩 지금 수면 위로 나타나고 있으니 하는 말이다. 공포영화가 따로 없다는 생각도 들었다. 지금 현실이 영화보다 더 낯설고 끔찍하게 느껴지기 시작했기 때문이다. 록펠러 재단은 단순히 예언자로서 '작두 탄 무당'일분 아니라, 스스로가 제안한 리셋 프로그램과 대중 통제 시나리오를 현실에 그대로 이식시켜 재

먼저 가장 눈에 띄는 것은 Lock Step(강한 통제사회)이 전 세계적으로 거의 모든 국가에서 나타날 것을 예견하고 있다. 지금은 Lock Down이란 말로 표현되었는데 이것이 가능하게 하는 것은 보다 강력한 정부 제재에 놓이게 되어, 혁신이 제한적이고 시민의 권리보다 권위적인 리더십이 급부상하게 될 것을 예측했다는 것이다. 이것은 발전사관적 입장에서 보면 인류문명의 퇴행을 의미하는 것인데, 만약 이것이 가능했다면 이는 우리가 원래 알고 있는 좌파나 진보주의, 혹은 그 반대인 우파나 자유민주주의가 아닌, 그보다 훨씬 더 높은 상위에 있는 그룹들이 세상사에 대한 어떤 철학과 신념을 가지고 권력과 금력을 포함한 파워를 가지고 주도면밀한 계획하에 역사를 인위적으로 조작하고 있다는 말이 된다. 시나리오에서는 (정부의 권위적 통치) 2012년 강력한 전염병으로 인해 아프리카, 동남 및 중앙아시아가 타격이 큰 가운데, 미국 또한 시민 안전보장을 위해 미국 내 여행조차 금지하는 일이 발생할 것이라고 예측하고 있다. 그런데 사회주의 국가의 종주국이라 할 수 있는 중국은 정부의 강력한 관리로 인해 다른 국가보다 효율적으로 대응했다고 예측하고 있고, 실제로 가장 먼저 팬데믹을 벗어난 모범사례로 소개되고 있다는 것이다.

현해내는 영묘한 능력을 가졌다는 게 너무나 놀라웠다. 신현철(국제정치 대표작가), 「COVID-19, 록펠러 재단 시나리오랑 똑같네!」 (2020.08.31.)

이 팬데믹을 기화로 전염병이 사라진 후에도 생체신분증(Bio ID)을 통한 감시 등 더욱 강력한 상의하달 방식의 권위적인 통치를 유지하게 될 것이라고 예측했는데, 2021년 들어 디지털 백신접종카드를 만들어 의무착용하기로 하는 일들이 전 세계적으로 벌어지고 있다. 그러다가 정부에 대한 시민들의 대응이 2025년 경에 나타나는데, 국익과 민간이익 간의 충돌로 분쟁이 발생하자, 시민은 조직력을 갖춰 정부에 대항하는 쪽으로 변화한다고 시나리오는 밝히고 있는 것이다.

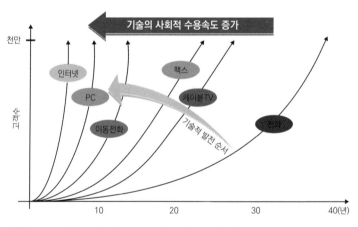

출처: Strategic foresight-the power of standing in the future, 2002

선진국·개도국의 차별전략으로 선진국은 개도국의 기술개발 및 자국의 기업 활동을 제한함과 동시에 과학자·혁신가의 연구 활동을 통제하게 될 것이라고 예측하고 있다. 러시아와 인도가 IT 혁신 관련 내수품을 보호함에 따라 미국과 EU는 자국이 개발한 새로운 기술의 보급을 통제하게 될 것이라고 시나리오는 밝히고 있다. 인공지능의 발달로 기술혁신은 일어나겠지만 주로 국가안보, 보건 및 안전에 관해 국가 통제하에 이루어지며, 선진국 주도 하에 개발하게 된다고 하였다. 지금은 의료분야에만 적용되는 FMRI[62]가 공항에 설치되고, 음식·보건·건강 관련 기술도 통제가 강화되며, 국가안보를 위해 IT네트워크는 각 국가가 독립적으로 관리하게 될 것이라고 예측하고 있다. 팬데믹이 끝난 후부터는 주요 이슈가 환경 문제로 옮겨가면서 기후 문제, 지구온난화 문제 등으로 포장된 종말론적 위협은 일반 시민들이 자발적으로 통제 속에 들어가게 하는 분위기를 만들었다. 일설에 의하면 이것을 처음 기획한 무리들도 생각보다 너무 쉽게 사람들이 국가의 과도한 통제와 엄격한 질서의 요구에 순응하는 것을 보고 놀랐다고 한다. 이러한 일들이 진행되면 Hack Attack(상호불신 사회)가 오게 된다고 한다. 이것은 경제적으로 불안정하고, 정부는 권력을 상실하며 범죄가 난무하고 위

---

62) 기능적 자기공명영상(functional magnetic resonance imaging, fMRI)은 눈부신 발전으로 뇌영상 연구의 도구가 되었다.

험성 있는 혁신이 출현하기 때문이라는 것이다. 국제적 재난(미국 911사태, 동남아 지진해일, 아이티 지진 등)은 경제적 불황을 더욱 악화시키고 각국은 국가 간 동맹 및 협력보다 자국의 경제적 안정에 총력을 기울이며 세상은 끝모를 추락에 이르게 된다는 것이다.

팬데믹인가 플랜데믹인가

이런 점에서 현재 일어나고 있는 일련의 모든 상황들은 자연의 법칙에 따른 전염병의 창궐, 인간의 노력으로 만들어진 대응체계와 백신 이런 것, 즉 팬데믹의 발생으로 도전받게 된 인류가 전 지구적 협력으로 이를 해결해나가는 시나리오가 아니라 처음부터 기획되고 의도되면 결국 정치망 그물 속으로 밀려들어가면 영원히 나오지 못한 채 운명을 마치는 그런 플랜데믹이라면 이는 전 인류를 볼모로 행한 사기일 수밖에 없다는 것이다.

「기술과 국제적 발전의 미래에 관한 시나리오(Scenarios for the Future of Technology and International Development)」는 처음 발표된 후 록펠러재단[63] 웹사이트에 실렸다가 얼마 후에 사라졌다. 그런데 이 보고서를 차분히 읽다 보면 정말이지 입이 쩍 벌어지는 '공

---

63) 이 보고서는 록펠러 재단과 글로벌 비즈니스 네트월이라는 데가 합작해서 만든 작품이다.

포감'을 느끼게 된다. 중국은 잘 막아낸다는 얘기, 마스크 착용이 모두에게 의무화된다는 얘기, 록다운(Lockdown) 실시, 시민들이 건강을 위해 자발적으로 자유와 권리와 프라이버시를 포기한다는 얘기, 생체측정 ID, 경제 붕괴와 비대면 경제로의 이행 등….

신현철 작가는 말한다. "일단 이 시나리오 보고서 제목에 쓰여있는 2개의 단어 '기술'과 '국제적 발전'이라는 단어는 우리가 알고 있는 의미와 전혀 다르다. 우리가 생각하고 있는 그런 평범한 단어들이 아니다. 즉, '기술'은 '대중통제 술수'이고 '국제적 발전'은 실제로 뭐가 발전했다는 의미가 아니라 '대중을 효과적으로 통제·제압하고 얻은 권력 확장'을 의미한다."[64]

신현철 작가는 이런 말도 덧붙인다.

"끔찍한 공포감에 몸서리를 치는 단계를 넘어서니, 이 '대인류 테러 시나리오'를 쓴 자들도 우리와 같이 부모·형제가 있고 천륜을 가진 인간들일 텐데 도대체 무엇이 이들로 하여금 이런 악마적 시나리오를 버젓이 쓸 수 있게 만들었는지 생각해보게 되었다. 그리고 이 살인 시나리오

---

64) 신현철. 위의 글.

를 가감 없이 집행했을 것으로 추정되는 서구의 초국적 자본과두계급은 도대체 그 정체가 무엇인지 고민해 보게 되었다. 왜일까? 왜 그럴까?"

그런데 이런 생각의 끝에 이르면 결국 이 세상을 움직이는 것은 누굴까 하는 생각을 하게 된다. 우리가 지금까지 이야기해온 자본론이니 국부론이니 하는 세속적 이데올로기급의 존재들이 있다는 것을 어렴풋이 깨닫게 되는 것이다. 조금만 생각해보면 그들이 금융 왕국의 '황제들'이란 것을 알 수 있다. 골드만삭스 황제, 록펠러 황제, JP 모건 황제…. 그들이 거드름을 피우며 진행해왔던 지구 장악 프로젝트가 본격적으로 그리고 무리수를 두면서 지금 감행하고 있다는 것이다.

여기서 신현철은 작가적 상상력을 가지고 이렇게 결론 내린다.

"핵전쟁을 일으키자니 지들도 무사하지 못할 것 같고, 그리고 군사력은 러시아가 앞서 있어 잘못 붙으면 개망신을 당할 것 같고, 중국에게 갚아야 할 천문학적 부채 해결도 막막하고, 세계에 산재한 미군을 유지할 금융시스템이 붕괴됐으니 앞으로 군사 폭력을 휘두르며 나대는 것도 한계가 있고…. 그야말로 진퇴유곡(進退維谷)이다. 게다가 중국과 러시아는 미국과의 수입수출 관계없이 순전히 내부적으로 모든 걸 해결하는 경제 노선을 수립해 버렸다."[65]

미국을 없는 존재처럼 여기고 살겠다는 것이다. 양국은 얼마
든지 그게 가능하다.

록펠러 시나리오 보고서 제1단계 Lock Step(잠금 단계)에는 지
금 전 지구적으로 체계적으로 관리되며 전개되는 지구경제 파
괴 프로젝트인 '코로나 교향곡'의 악보가 적혀 있다.[66]

일루미나티와 딥스테이트의 등장

음모론으로만 치부되던 일루미나티 그룹과 NWO(신세계 질서 :
New World Order)는 더이상 음모론이 아닌 실체라는 것이 밝혀지

---

65) 신현철. 위의 글.

66) (1) 잠금 단계(LOCK STEP) : A world of tighter top-down government
        control and more authoritarian eadership, with limited
        innovation and growing citizen pushback

    (2) 파상적 공격 단계(CLEVER TOGETHER) : A world in which highly
        coordinated and successful strategies emerge for addressing both
        urgent and entrenched worldwide issues

    (3) 대중저항 난도질 단계 (HACK ATTACK) : An economically unstable
        and shock-prone world in which governments weaken, criminals
        thrive, and dangerous innovations emerge

    (4) 각자 도생 단계(SMART SCRAMBLE) : An economically depressed
        world in which individuals and communities develop localized,
        makeshift solutions to a growing set of problems

고 있다. 이에 따라 전체주의 단일정부가 등장하는 것은 이제 거의 기정사실화 되었다.[67] 이것은 일반적인 주권국가들을 대체하며, 이데올로기를 따르게 한다. '역사적 진보의 최고점'을 수립하는 새로운 이념을 따르게 하려는 모든 이들에 대한 선전이 동반된다.

정치와 금융 쪽에서 신세계 질서가 발생한다고 예견되어 왔는데, 이러한 일들이 드러난 것은 앞서 언급한 록펠러 재단의 미래보고서의 예언들이 그대로 실현되고 있다는 소름 돋는 사실이다. 이들은 셀 수 없이 많은 여러 역사적 사건들은 비밀세력들이 은밀한 협상과 결정을 통하여 세계 통치를 위한 일종의 각본을 진행해 왔다. 단순히 그렇게 보이는 게 아니라 지금 우리가 사상 초유의 '경제테러'를 당하고 있다고 보는 게 맞다.[68]

---

67) 이들 비밀적인 파워 엘리트들의 전 세계적 과제가 궁극적으로 전 세계적인 전체주의 세계정부를 운영하는 것이며, 따라서 이를 위한 음모를 꾸미고 있다는 것이다.

68) 그 동안 지속 불가능한 시스템을 곡예사처럼 돌려오다가 결국 붕괴의 위기 - 달러본위제와 금융시스템 붕괴와 이로 인한 지급 불가능의 대외채무(타국에 외상으로 상품구매 불가능 → 군사비 충당 불가능 → 미제국의 디폴트 임박) - 에 몰리자 서구의 초국적 자본과두계급은 이제 스스로 세계경제를 파괴시키는 방법을 통해서 지난 20년 간 중국이나 러시아에게 야금야금 국가들을 빼앗기는 상태에서 벗어나고자 - 아프리카의 중국화, 아랍국가들의 러시아 추종화, 유럽국가들의 점증하는 탈미적 이탈 현상… 등등 - 지금 현재 미국의 에이젼트 국가(혹은 후견국가)는 물론이고 그들의 영향이 미칠 수 있는 모든 경제권역을 파괴하여 폐허로 만들어, 마치 IMF 이후 유동성

록펠러 시나리오 보고서에는 예상되는 의도적 경제파괴의 규모에 대해선 구체적 언급은 없지만, 경제 전문가들의 견해에 따르면, 무시무시한 '경제파괴'의 규모는 전세계 GDP가 반 토막이 나면서, 1930년대 초 '대공황'이나 1974년 경제 위기, 그리고 2008년 서브 프라임 모기지(금융위기) 이 3가지를 추월하는 가공할 만한 경기침체가 몰아닥칠 것이라고 한다.

이러한 글로벌 동시다발 경제테러를 막아내지 못한다면, 향후 몇 년간 인류의 1/3이 죽어 나갈지 1/2이 죽어 나갈지 아무도 모를 일이다. 신현철은 다음과 같은 우려를 드러내며 우리에게 경각심을 준다.

> "이 코로나 경제테러가 하루 이틀 이어지다가 쉽게 그칠 게 아니라는 것을 아는 것이 중요할 것 같다. 국민경제가 폐허가 될 때까지, 즉 끝장을 볼 때까지 진행될 것이다. 그리고 이전과는 차원이 다른 극도의 통제에 시달리며 살게 될 것으로 보인다. 지금 벌써 그런 조짐을 느낄 수 있다."[69]

조작으로 국민경제가 파산한 폐허를 거닐며 유유히 '황제 쇼핑'을 즐겼던 서구의 초국적 자본과두계급이 늘상 쓰던 동일 수법을 다시 바이오(bio) 식으로 각색해 사용해서 잔여국가들을 유라시아 적들에게 빼앗기지 않기 위해 '뼈속까지' 접수하려는 계획으로 보인다. (신현철. 위의 글).

69) 서구의 초국적 자본과두계급은 국민국가의 잔여 주권과 경제 운용권을 접

경제를 파탄 내는 방법은 97년 동아시아 금융위기, 일명 IMF 때를 연상하면 크게 다르지 않을 것이다. 다만 그 파괴력이 더 클 것이란 것이다.[70] 백신을 맞고 순응하면 코로나로부터 목숨을 살려준다며 진행되는 지금의 무차별적 경제 파괴는 기실 정교하게 계획된 '대인류 쿠데타'에 다름 아니다라는 가설이 맞는 것 같다고 신현철은 말한다.

아직까지 많은 이들이 깨닫고 있지 못하지만 곧 깨닫게 될 것이다. 하지만 그때는 이미 늦다. 자본주의 국가의 경제를 하나씩 하나씩 카오스의 혼돈으로 몰아넣어 내파시키고 그 지배권을 장악할 것이다.[71] 이렇게 사람들을 다 죽여 가면서까지 극

수하는 것은 물론 개인들 모두를 직접 통제하는 '코비드 연합농노국(United Serfdom of Covid)'의 길로 박차를 가하고 있는 것 같다. 이미 10년 전부터 절차탁마하며 그 실천을 착실히 도모해오고 있었던 것으로 보인다. 록펠러 재단 미래사회 시나리오 보고서가 그걸 입증해준다. (신현철. 위의 글).

70) '소수집중'과 '사유화'를 최종 목표로 하는 이번 글로벌 경제구조의 재구축은 여느 때와 마찬가지로 취약 집단부터 죽어 나가게 될 것이다. 벌써 지금부터 죽어 나가고 있는 게 현실이다. 중소 규모 사업체들이 줄도산으로 파산하기 시작했고 헤아릴 수 없이 많은 이들이 실업, 파산, 기아 단계로 순차적으로 접어들게 될 것이다. 국가경제는 도미노로 파괴될 것이다. 그 참상의 과정이 안 봐도 본 듯하다. 제3세계 가난한 지역들은 특히 그 참상이 극에 달한다고 봐야겠다. (신현철. 위의 글).

71) 그리하여 국가 자체를 '코비드 연합농노국(United Serfdom of Covid)'에 편입시키고 중국이나 러시아에게 빼앗기지 않겠다는 속셈이다. (신현철. 위의 글).

약처방을 쓰고 있는 서구의 초국적 자본과두계급에게 우리가 어떻게 몰살을 당할 것인지는 위에서 언급한 록펠러 시나리오 단계를 보면 충분히 알 수 있을 것이고 여기서 문제는 그들이 저지르는 이 전지구적 싸이코패스 짓을 어떻게 막아낼 것인가 이다. 투쟁의 지혜가 모아져야 할 시기이다.

플랜데믹의 구조

'COVID-19' 프로젝트는 정교하게 짜여진 시나리오에 의해서 진행되고 있는 것이 맞다. 그 증거는 전세계 모든 정부들이 마치 정해진 콘티대로 움직인다는 것이다. 이를 근거로 전체적으로 파악해 보면 다음 3가지 측면이 보이게 된다.

첫째는, 금융체제 붕괴에 따른 카오스 만들기다. 이렇게 해야 책임 소재와 비난을 피할 수 있다. 둘째는, 지정학적 이유다. 중국의 '일대일로(一帶一路)'를 저지할 수 있다. 그리고 셋째는, 유라시아 국가들에게 '나라 빼앗기지 않기'다.[72] 이런 모든

---

72) 아무리 미국이 영향력을 발휘하고 있는 국가라 할지라도 국가 자체의 형식을 지금처럼 가만히 놔두면 모두 중국과 러시아로 붙어버린다. 동방의 나토, '상하이 협력기구'의 확대가 그 대표적 현상이다. 중국과 러시아에겐 돈과 기술과 군사력이 뒷받침을 해주고 있어, 얼마 전까지만 해도 우리처럼 미국의 맹방이었던 파키스탄이 중국으로 이탈해 버리고, 중동 여러 국가들도(특히 친미 일변도의 걸프 왕정국가들마저) 이미 양국의 날개 밑으로 들어가고 있으며, 독일의 메르켈도 뭔가 수상쩍다. 노드 스트림 2에서 러시아

불안감과 염려로 인해 초국적 자본과두계급은 '코로나 빙자 쿠데타'을 일으켜 자본주의 국가들의 경제를 밀봉해버림으로써 도미노로 파괴시켜 '폐허'로 만든 뒤 새로운 질서를 만든다[73]는 구상이 지금까지의 정황으로 추측해볼 수 있는 신세계 질서이다.

이 3가지 측면을 유기적으로 관찰할 때, 경제테러 프로젝트인 '코비드 쿠데타'가 처음부터 정교하게 짜여진 플랜데믹임을 이해할 수 있다. 그러면 이제 우리는 무엇을 할 것인가? 대책 없이 실업과 궁핍과 죽음을 기다려야 하나?

이제 제7장에서 이 모든 문제를 해결할 방향을 제시하고자 한다. 그것은 새로운 시대정신의 이해와 정립, 그리고 이를 구현할 새로운 한 인물의 등장을 요구하며 그에게 이러한 철학으로 나아가길 구하고 원해야 한다.

와의 협력이 지속되고 독일 기업들도 미국의 제재 협박에도 불구하고 러시아 친화적 행보를 계속 보이고 있다. 독일이 무너지면 유럽이 모두 유라시아 진영으로 넘어갈 수 있다. 이는 서구의 초국적 자본과두계급에게는 악몽 중의 악몽이다. 그래서 코로나 프로젝트는 지정학적 차원에서 특히 '유럽의 상실'을 차단한다는 의미가 크다고 볼 수 있다. (신현철. 위의 글).

73) 유라시아 적들이 낚아채 갈 수 있는 여지를 주는, 다소 위험한 현행 국가 시스템인 '대리 통치 시스템(proxy system)' 혹은 '에이전트 시스템(agent system)'에서 전환하여 아예 직방으로 초국적 과두집행위원회 산하에 두고 '직접 통치(direct governance)'를 하려는 정치적 구상일 수 있다고 신현철은 말한다.

7. 뉴 밀레니엄 에이지

뉴에이지

현재 이 세계는 뉴에이지[74]의 시대정신 아래 구성되어 있다. 사상(思想)과 사조(思潮)이면서 종교의 형태를 띠고 있다. 기독교나 불교 등 기존의 제도권 종교와는 다른 새로운 종교로 떠오른 것이다. 신비와 오컬트를 겸한 이 종교 아닌 종교는 전 세계적인 세력을 형성하고 있다. 그들은 1980년대부터 뉴에이지 밀레니엄 시대에서 인류가 취해야 할 패러다임의 변혁을 주장해왔다. 범신론, 다원주의, 인본주의, 영적 진화론 등이 핵심 사상

---

74) New-Age 의 사전적 의미는 '서양적인 가치관 및 문학에 대한 비판으로서 그에 대신한 종교, 의학, 철학, 점성술, 환경 등 여러 분야에서 전체론적인 접근을 하려는 1980년대 이후의 새로운 조류를 지칭'하는 것이다.

인 뉴에이지는 다른 종교나 사상들과 타협적인 태도를 유지하고, 광범위한 대중문화에 하나의 조류를 형성하면서 자신의 영역을 널리 전파하고 있다.

그런데 이들의 앞을 가로막은 유일한 세력이 있었다. 바로 기독교 진영이었다. 유독 기독교 진영만은 뉴에이지를 '이단'의 세력, '사탄'의 종교라 하며 비판을 넘어선 비난을 가하며 그들의 확장을 힘겹게 막았다. 시중의 뉴에이지 관련 서적을 보면 뉴에이저들의 입장에서 쓴 것과 그러한 입장을 비난하고 공격하는 기독교 서적으로 양분되어 있는 것만 보아도 얼마나 그동안 힘겹게 싸워왔는지 알 수 있다. 물론 이 양자의 공통분모를 찾으려는 시도도 있었다.[75]

30년 이상 지속되어 오는 뉴에이지의 영향력은 이제 일반 대중문화 속에 하나의 아이콘으로 자리잡고, 기독교 진영에도 영향을 끼쳐 기독교 신비주의와 영지주의 그리고 뉴에이지적 오컬트와의 경계가 불분명하게 된 것도 사실이다. 그래서 기독교 진영 안에서도 임사(臨死)체험, 천사의 등장, 부활의 재조명, 예언적 꿈 해석 등이 대중문화의 소재로 각광을 받고 있다. 중요한 것은 '뉴에이지'로 불리는 이런 현상은 정도의 차이만 있을 뿐 국지적인 현상이 아니라 대부분의 나라에서 공통적으로

---

75) 한승연 저자의 『성서로 본 창조의 비밀과 외계문명』은 기독교를 새롭게 재해석하여 뉴에이지와의 접점을 찾았다는 데에서 남다른 의미를 지닌다.

나타나고 있기 때문에 시대적 흐름이라 할 수 있을 것이다.

현재 미국의 베스트셀러 목록만 봐도 인간의 영적 성숙을 주제로 한 제임스 레드필드의 소설인 '천상의 예언'이나 임사체험을 적었다는 베티 이디의 '빛에 둘러싸여' 등은 이미 대중의 의식 속에 각인이 될 정도로 대중화되었다. 그 증거가 두 작품 모두 무려 3년 이상 베스트셀러 자리를 지키고 있기 때문이다.

뉴에이지 선풍은 그노시스의 '부활'

세기말을 넘어 새로운 천 년을 시작한 지 20년이 넘은 이 시점에서 다시 이러한 뉴에이지 현상이 주목받는 첫 번째 이유는, 뉴에이지 현상이 PC주의가 이끌어낸 진지전의 하나이기 때문이다. 두 번째는, 사람들의 관심을 결국 영적이고 이교도적이며 기독교에 대한 배교적인 분위기를 만들어내기 위한 고도의 전략이라는 점이다. 20년 전 미국의 문학평론가이자 예일대 교수인 해럴드 블룸이 펴낸 『천년왕국의 예언(Omens of Millennium)』은 바로 이런 뉴에이지 선풍의 문화적 배경을 분석해 화제를 모은 적이 있다.

이 책은 천사가 서구인들에게 지니는 의미는 무엇이며, 천사숭배사상의 기원은 어디인지, 꿈이 인간 정신활동에서 차지하는 역할은 무엇인지 등을 설명하고 있다. '천사숭배', '부활',

'예언적 꿈' 등은 어떻게 보면 지극히 충실한 종교적 경험이다. 그러나 블룸에게는 종교의 순수한 정신을 약화 또는 통속화시키는 현상으로 받아들여진다. 그는 이런 현상을 "메이드 인 유에스에이 그노시스(靈智)"라 부른다. 기독교 전통과는 동떨어진 비논리적 '비법'을 이야기한다는 것이다.[76]

블룸 교수는 "현대인들은 천사에 대한 공포감을 상실한 지 오래일 뿐만 아니라 더 나아가 천사를 노리개'로 만들어 버렸다"고 개탄한다. 그에 따르면 현대인들의 천사숭배는 오히려 천사를 경시하는 셈이 된다. 실제로 미국인들을 대상으로 한 여론조사에서도 천사가 세속화된 지 오래다. 한 조사에서는 미국인의 46%가 자신을 지켜주는 천사를 몸에 지니고 있다고 대답했다. 이런 현실에서 본래 천사가 지녔던 신비성과 천사에 대한 경외감이 사라졌다고 해도 과언이 아니다.[77]

---

76) 블룸 교수는 특히 천사숭배현상을 통렬하게 비판하고 있다. 천사들은 당초 공포와 경외의 대상으로 받아들여졌다. 성경 기록에도 천사를 보는 순간 얼굴이 창백해질 정도로 공포감을 느꼈다는 대목이 많이 나타난다. 그렇기 때문에 천사는 어떤 의미로든 넥타이핀의 장식으로 등장할 대상은 아니라는 것이 블룸교수의 인식이다. [출처: 중앙일보] 〈해외화제작기행〉"천년왕국의 예언" (해럴드 블룸).

77) 그노시스가 현대에 와서 뉴에이지라는 이름으로 '부활'한 셈이다. 그렇기 때문에 뉴에이지는 기성문화의 가치관을 타파하려는 반체제문화가 아니라 참된 삶을 추구하려는 가치관과 신비주의가 결합된 결과로 나타나는 현상으로 파악해야 한다. 그러나 지금의 뉴에이지는 상업성의 영향으로 그노시

그노시스의 핵심 사상은, '진정한 신은 결코 우리 인간에게서 떼어낼 수 없는 대상'이라는 것이다. 다시 말해 우리 인간의 심성에 영원불멸의 요소가 있다는 주장이다. 인간의 종교적 심성의 뿌리가 그노시스라고도 주장하고 있다. 그노시스의 뿌리는 기원전 1,500년께 이란의 예언자 조로아스터로까지 거슬러 올라간다. 조로아스터교는 그 후 많은 종교에 영향을 미쳤지만 지금은 거의 사라진 상태나 다름없다. 인도와 이라크에 수십만 명의 교도를 두고 있을 뿐이다.

하지만 정통 보수 기독교의 입장에서는 여전히 그노시스 영지주의 기독교 이단이다. 영지주의(Gnosticism)는 '지식'을 뜻하는 헬라어 '그노시스'(gnosis)에서 파생하였는데, 그 지식은 단순한 지식이 아닌 구원에 관한 지식(salvific knowledge)을 뜻한다. 최근 영지주의 문헌 가운데 하나인 〈도마복음〉 해설서를 김용옥 교수와 오강남 교수가 내놓으면서 한국 교계와 학계에서도 영지주의는 관심의 초점이 되고 있다. 이것만 보아도 일루미나티 세력들과 WCC로 설명되는 종교통합 운동은 같은 맥락임을 알 수 있다.

영지주의는 2,000년 전에 사라진 것이 아닌 지금도 곳곳에 그 잔재들이 여러 형태로 남아 있다는 것이 드러나고 있다. 기

스와는 동떨어진 모습이다.

독교 전통이 강한 미국에서도 집집마다 모임을 가지는 곳이 많다. 현대판 영지주의자가 우리가 모르는 사이에 뿌리를 깊게 내리고 있음을 알 수 있다.

영화 〈Matrix〉(매트릭스)가 보여주는 세계관은 이런 영지주의적 요소와 함께 기독교와 불교적 세계관이 뒤섞인 혼합주의적 요소가 강하게 배어 있다. 1997년 3월 26일 남가주 샌디에이고(San Diego)에서 집단 음독자살한 39구의 시신이 한 집에서 발견되어 세계 매스컴을 떠들썩하게 하였다. 이들이 가담했던 컬트(cult)는 'Heaven's Gate'라는 신흥종교로 영지주의에 그 뿌리가 잇닿아 있다. 고대의 영지주의는 소위 정통 기독교처럼 신앙의 대상으로서 예수님을 믿지 않는다. 단지 불교의 붓다(Buddha)처럼 진리를 가리키는 이인 천상의 계시자(heavenly reveler) 정도로 여겼다. 영지주의의 한 분파인 Heaven's Gate 신도들은 예수님 대신 UFO가 구원의 지식(salvific knowledge)을 끊임없이 지상으로 전해주고 있다고 믿고 있다. 그 믿음 때문에 이 지구를 탈출하여 다른 세계로 가려고 하였고, 그 결과 그들이 택한 것이 자살이었다. 그런데 최근 몇 년 전부터 이상스러울 만큼 UFO에 대한 이야기가 점점 구체화되고 있다.

영지주의는 영적인 지식이 쌓이면 이 세상으로부터의 엑소더스(exodus)를 하게 되는데 결국 자신들만이 알고 있는 영지(靈智, gnosis)를 활용하여 영혼의 여행길을 떠난다는 것이다. 싸늘한 시신이 되어 누워 있는 그들의 얼굴에는 한결같이 웃음을 머금고 있었다. 육체를 덧입고서 그 중력으로 떨어진 이곳 지구를 탈출하여 그들이 본래 있던 천상의 세계로 돌아가기 위해서는 일종의 패스워드(password)와 같은 영지가 필요했던 것이다. 그러한 영지가 자기들에게 있다고 믿은 그들은 그런 깨달음이 없는 이 세상을 뒤로하고 극단적 자살을 통해 다음 세상으로 가려고 했던 것이다. 영지를 가지고 그런 식으로 관문을 통과하여 그들이 다다르고 싶은 신과의 합일을 위한 본래의 천상적 영역으로 이동하려고 하는데 그들은 이것을 '영혼의 여행'(the journey of soul)이라 가르친다. 이것은 일루미나티 세력이 가지고 있는 오컬트와 맞닿아 있음을 알 수 있다.

이러한 영지주의적 궤적을 밟아 올라가면, 그곳에는 16세기의 은밀한 비전 전수 모임인 '장미 십자단(Rose Croix)' 형제들과 그들로부터 매우 심대한 영향을 받은 프리메이슨(Freemason) 단이 있다는 것도 알 수 있다. 프리메이슨 단은 이 세계를 영혼이 윤회의 가혹한 순환과정을 따르도록 되어 있는 지옥과 같은 곳으로 보고 있다. 현대의 온갖 음모이론이 제기될 때마다 그러한 음모를 일으키는 배후 세력으로 언급되는 이러한 프리메이슨단도 영지주의적 경향이 강하다. 영지주의적 경향의 신화와 윤회의 이론이 스며든 빅토르 위고(Victor Hugo)의 종교사상, 19세기 후반의 상징주의 시인이었던 보들레르(Baudelaire). 자연의 모

든 형태, 즉 외적인 자연과 인간의 자연적 천성과 모세의 율법
에 반항하며, 버림받은 사람들, 즉 카인의 종족을 찬양하는 그
의 시 세계에 담긴 유일한 희망은 세계 밖으로의 탈출이었다.[78]

모든 철학은 종교를 반영한다

철학의 목적은 근원자를 찾는 것이다. 그 방법론은 두 가지
자연에서 찾느냐 인간의 내면에서 찾느냐는 것이다. 영지주의는
인간과 자연을 동일체로 여기며 두 개의 합을 통해 근원자를
찾는 종교적 세계관이다. 지금 우리가 가지고 있는 영지주의
문헌은 거의가 2세기 중반 이후의 것이지만, 학자에 따라서는
그 기원을 고대 바벨론까지 추산하기도 한다.[79] 철학적 체계를
가지고 있었기 때문에 물질과 육체를 죄악시하고 영을 높이 평

---

78) 단테(Dante)의 (아라비아인들에 의해 수집된 몇몇 영지주의적 테마를 이용
한) 신곡, 독일 신비주의의 가장 위대한 인물이었던 에크하르트(Eckhart),
생물학과 인류학으로부터 출발하여 영지주의의 관점과 결합한 테이야르 드
샤르댕(Chardin), 시몬느 베이유(Simone Weil) 등등이 이런 영지주의적
요소가 반영된 사상을 표출했다.

79) 월터 바우어(Walter Bauer)에 의하면 주후 2세기에는 지금의 터키인 소아
시아(Asia Minor)에 영지주의자들이 소위 정통 크리스천들보다 수적으로
훨씬 많았다 한다. 영지주의는 동양종교, 그리스 철학, 그레코-로마의 신비
종교와 기독교의 교리가 섞인 일종의 혼합주의적 경향을 띤 기독교 이단이
었다.

가하는 그들의 극단적인 이원론을 모토로 하고 있었다. 물질과 육체를 악하게 생각한 나머지 두 가지 상반되는 그룹이 내부적으로 생기기도 했다. 육체를 구원의 대상으로 간주하지 않기에 그 육체를 철저히 억누르는 금욕적 형태의 그룹과 육체적 탐닉에 전혀 상관치 아니하는 쾌락주의적 경향의 그룹으로 분화된 것이다. 극과 극은 통하듯 실은 이 둘의 뿌리는 하나였다. 이들의 가르침은 당대의 많은 대중들을 매료시켰고, 2세기 중반까지 기독교의 가장 강력한 적이 되었다.[80]

어떤 종교든 인간의 고통과 죽음의 문제를 해결하기 위한 고투 속에서 그 시원을 열었다고 한다면 영지주의 또한 악의 기원과 인간이 고통당하고 죽어야 하는 그 이유를 해명하는 데서 출발한 것이다. 정통 기독교가 교리를 형성하는 과정에 영지주의가 영향을 준 것이 있다. 첫째는 영지주의와의 대결 속에서 정통 기독교는 육체의 부활로 선회하게 되었다는 것이다. 그 이전에는 육체의 부활을 주장하지 않다가 육체를 죄악시하는 그들과의 논쟁 속에서 육체의 부활을 주장하는 경향이 강해지게 되었다. 둘째로, '무에서 유로의 창조(creatio ex nihilo)'도 영지주의자들과

---

80) 그들은 지나친 경도로 인하여 대중적 기반을 급격히 상실하기 시작한다. 8층적 우주관에서 나중에는 365층으로 확대된 복잡한 우주관과 교리체계를 주장하였다. 또한 성직자 계급 제도(hierarchy) 위에 구축된 가톨릭 입장에서는, 영지를 가짐으로써 예수와 제자들 사이의 간격이 없듯이, 다소 평등한 체제를 유지한 영지주의 그룹이 위협적인 이단으로 보여 졌다.

의 대결 속에서 나온 교리로 보고 있다. 실은 창세기 1장을 읽어 보면 '무(nothing)'가 아닌 '혼돈(chaos)'으로부터 질서(cosmos)로의 창조이다.[81] 영지주의가 대중의 관심을 끌게 된 계기는 댄 브라운이 쓴 『다빈치 코드』 때문이다. 어떤 종교와 사상도 진공(vacuum) 상태에서 기원하여 발전할 수는 없다. 철학 역시 그렇다. 인간의 사유란 것이 종교적 갈등의 해결책 속에서 나름의 방안을 찾음으로 만들어진 것이다.

결론적으로 말해, 어느 대통령이든 자신이 가진 종교가 철학이 되며 그 철학의 근원에 내재된 이념과 사상, 세계관에 의해서 행동을 결정하며 법률과 제도와 조직을 만드는 데에 영향을 끼친다. 그래서 한 지도자의 철학을 살핀다는 것은 그의 종교적 심원을 찾는 것이며, 더 나아가 세계관 자체를 검증하는 것이라 할 수 있을 것이다. 이제 제2부에서 최재형 원장의 종교가 무엇인지, 그가 가진 기독교라는 종교가 정통 보수적인 것인지, 아니면 정통에서 말하는 기독교에서는 약간 벗어난 아류인지, 종교통합주의를 지향하는 교단인지, 그리고 이단이라고 할 만한 사항은 없는지 살펴보고 그가 보여준 많은 좋은 선한 일들이 그의 종교와 사상을 반영한 것인지, 단순히 사람이 좋아서 그런 것인지를 잘 살펴보아야 할 것이다.

---

81) '혼돈'은 nothing이 아닌 something이다. 이것도 영지주의의 부정적인 물질관에 대한 하나의 반작용일 듯하다.

하지만 확인할 수 있는 팩트는 최 원장은 어릴 때부터 신촌 장로교회를 섬겼으며, 이제 장로(長老)가 되었고, 부인 이소연 씨는 권사가 되었다. 교회 신도가 초상이 나면 반드시 조문을 했으며, 감사원장이 되어서도 한결같았다고 한다. 이처럼 최 장로는 '인간에 대한 예수의 사랑'을 몸으로 실천하는 신실한 기독교인이다. 신약성경 중 마태복음에 보면, 한 율법사가 예수님을 시험하여, "선생님, 율법 중에서 어느 계명이 크니이까?"(마 22:36)라고 묻자, 예수님이 첫째 되는 계명으로 "네 마음을 다하고 목숨을 다하고 뜻을 다하여 주 너의 하나님을 사랑하라"고 하신 다음에 둘째 계명으로 "네 이웃을 네 자신 같이 사랑하라"(마 22:39)고 말씀하고 있다.[82] 최재형 원장은 바로 이 말씀을 일상의 삶 속에서 그저 묵묵히 실천하고 있는 것이다. 그 어떤 가식이나 허위가 없는 진솔하고도 신실한 삶을 보여준다.

최근 최재형 감사원장에 대하여 변모 씨라는 자가 유튜버에서 '반최재형론'을 증거하면서 두 아들의 중국 하얼빈 기독교

---

82) 마태복음 22장 35~40절

　　(35) 그 중의 한 율법사가 예수를 시험하여 묻되

　　(36) 선생님, 율법 중에서 어느 계명이 크니이까

　　(37) 예수께서 이르시되 네 마음을 다하고 목숨을 다하고 뜻을 다하여 주 너의 하나님을 사랑하라 하셨으니

　　(38) 이것이 크고 첫째 되는 계명이요

　　(39) 둘째도 그와 같으니 네 이웃을 네 자신 같이 사랑하라 하셨으니

　　(40) 이 두 계명이 온 율법과 선지자의 강령이니라

계열 학교에 유학한 것을 가지고 '친중파' 양성학교를 보냈다고 매도하고, 부인의 학창시절 엄격했던 선생님들의 체벌 이야기를 교육 불신과 혐오에 연계하여 비난을 했다. 아직 대선 후보도 아닌 최 원장 부부를 상대로 온갖 편견과 왜곡의 잣대로 흔들어대는 이유는 일관된 철학과 신앙으로 삶의 궤적 이루며 살아온 최 원장 삶의 근본을 흠집내기 위한 광기 때문이 아닐까 생각한다.

2부

최재형의
세계관과 철학

8. 인간 최재형

'까.미.남' 최재형

우리가 한 사람을 평가할 때 우선 그 사람에 대한 정보가 있어야 한다. 자신의 이야기를 글로 썼거나, 생각이나 사상을 저서로 발간했다면 이해나 평가는 쉽겠지만, 그렇지 않다면 결국 만나고 체험하고 이야기해보는 수밖에 없다. 그런데 사실상 본인이 그런 곁을 내어주지 않는다면 정보는 상당히 제한될 수밖에 없다. 제한된 정보는 당연히 제한된 관찰과 제한된 평가를 내릴 수밖에 없다. 하지만 지금 임박한 2022년 3월 9일의 대통령 선거를 앞둔 우리들로선 지금부터 새롭게 그를 사귀어 알아갈 방법과 시간이 사실상 많지 않다. 그래서 할 수 있는 방법은 그를 가장 잘 아는 사람들의 증언과 그간 드러난 그의 행적을 중심으로 관찰하는 것이다.

그런데 최근 최재형 원장의 대선 출마를 앞두고 여기저기서 최재형 원장에 대한 증언들과 이야기들이 나오고 있다. 감사하고도 다행한 일이다. 비록 거대한 최재형 원장이라는 인격 전체를 파악하기에는 상당히 부족하지만, 그래도 이 작은 증언과 전언들의 편린이 모이고 모이면 실체에 이를 수 있다는 것을 잘 안다.

기독교의 근간을 이루는 성경 중 신약성경의 앞부분 4복음서는 예수의 실존에 대한 증언적 기록이다. 세 사람 마태, 마가, 요한이 기록한 복음서(마태복음, 마가복음, 요한복음)는 3년 간 같이 예수님을 따라다니며 함께 생활했던 제자들의 증언이요. 누가는 의사로서 1차 증인들의 증언을 수집하여 기록한 2차 증인이다. 누가의 기록이 훨씬 더 광범위하고 구체적인 것은 작은 증언들 하나하나를 교차 수집하고 정리했기 때문이다.

최재형 원장에 대한 직접적인 증언이나 기록은 가족만이 할 수 없을 것이다. 하지만 사실상 생존의 가족의 경우 그런 식의 증언이나 기록을 남기는 법은 거의 없다. 그렇다면 우리가 얻을 수 있는 자료는 친구들이나 그를 잘 아는 주변인들의 증언이다. 다행히 최재형 원장에 대한 생생한 증언은 많다. 그리고 구체적이며 거의 증언이 일치한다. 그래서 다는 알 수 없지만 증언과 미담의 편린들을 모아 최재형 원장이 가지고 있는 생각과 사상, 그 확대 선상에서 그의 삶의 철학과 종교적 신앙관을 살펴볼 것이다. 여기에서 최종적으로 그가 가지고 있는 정치철학과 국가에 대한 경영관과 통치에 대한 철학 등을 찾아보기를 원한다.

내가 아는 최재형 감사원장

아래의 글은 최재형 원장을 잘 아는 친구가 SNS에 올린 글로서 여러 사람들에게 회자(膾炙)된 것이다. 이 증언을 토대로 최재형 원장의 생각들을 한번 살펴보자.

나는 사법연수원에서 같은 반도 아니던 최재형 연수생을 먼발치에서 보았다. 당시 사법연수원은 서소문 법원 구내에 있었는데 매일 아침 택시에서 내리면 같이 타고 온 소아마비 장애인인 강○훈 연수생을 업고 언덕길을 올라 연수원 건물로 들어가는 모습을 볼 수 있었다. 최재형의 등에 업힌 강○훈은 양손에 자기 가방과 최재형의 가방과 지팡이까지 들고 있었다. 수업이 끝나고 퇴근길도 같은 모습이고 추운 겨울에도 같은 모습이었다.

당시 연수생은 검은색이나 곤색 양복을 입고 흰색 와이셔츠에 넥타이를 매어야 했는데 최재형의 양복 상의는 항상 뒷부분이 구겨져 있었다.

나중에 안 일이지만 그 전에 고등학교 다닐 때도 그랬다고 한다.

연수원을 마치고 동기 99명이 광주보병학교에서 12주간 장교훈련 받을 때 최재형을 가까이 지내면서 알게 되었다. 훈련 중 가장 힘든 유격교육 1주일 당시 장교 후보생 중 누가 중대장을 맡느냐를 동기들이 모여 논의했다.

유격교육은 완전군장을 하고 오후 5시 부대서 출발, 40km 들판과 산을 넘고 행군하여 익일 오후 5시 유격훈련장에 도착, 10월 말 1주간 암벽타기, 수중낙하, 목봉체조 등 힘든 훈련 후 다시 같은 길을 행군으로 돌아오는 고된 훈련이다.

중대장 후보생은 완전군장을 한 상태에서 중대원들을 통솔하고 문제가 생기면 나서서 해결해야 되는 참으로 힘든 직책이라 누구도 맡지 않으려 했다.

그때 동기들이 최재형을 추천하자 그는 흔쾌히 승낙하며 궂은 일을 마다하지 않고 공동체를 위해 봉사 내지 희생하는 모습을 보여 주었다. 그간 자기 딸 둘 결혼시키면서 동기들에게 알리지도 않았다.

고아원 봉사하다가 아이를 한 명 입양해 어느 정도 키우자 다시 아이 한 명을 더 입양해 키웠는데, 그 아이는 지금 해군 사병 복무 중이다. 입양 과정이 보도된 적 있는데 고아원 원장이 어떤 아이를 입양할지 (남·여, 장애·비장애, 애기·어린이)를 묻자.

"원장님께서 보내주시는 대로 키우겠습니다." 라고 했다는 후문.

자기 자식 키우기도 힘들어 하는 시대에 손자·손녀 양육을 도와줄 나이에 아이를 연이어 둘이나 입양하여 키우다니~

장애아도 마다하지 않겠다는 그런 마음을 어떻게 생각하는지요?

저는 1998년 서울중앙지법에서 형사단독 판사로 근무하면서 최재형과 같은 방에서 근무했다. 항상 너그러운 미소로 동료들이나 직원들에게 인자했고 재판도 같은 모습으로 임했다. 동료지만 그의 생각과 인품은 큰 형님 같았다.

몇 년 전 휴일에 전화가 왔다. 가족들과 여행을 갔다가 차가 고장 나서 움직이지 않는데 휴일이라 카센터가 모두 휴무여서 난감한 상황이라는 것이다. 그곳이 내 고향이라는 생각에 도와줄 수 있는지 전화를 한 것이었다. 나는 차량 전문가인 친지에게 도와드리도록 부탁드렸다.

도대체 어떤 차를 갖고 다녀서 고장으로 굴러가지 않을까? 그 의문은 최근 인터넷 기사를 보고 풀렸다.

트라제!

단종된 지 10년은 넘은 승합차였다. 그 기사와 함께 근래 불우이웃 돕기 한 금액이 수천만 원이란 기사도 읽었다. 평생 공직생활을 했고, 자식 둘을 키워 결혼시켰고 입양한 아들 둘 중 한 명은 아직 대학 재학 중인 걸로 아는데 ~~~ 검소한 생활이 아니면 불가능하다.

솔직히 우리나라 공부 잘한 사람 내지 지식인들, 모두 그런 건 아니지만 대체로 이기적인 경우가 흔하다. 그런데 최재형 원장은 이웃과 공동체를 배려하고 베푸는 인품을 가지고 있으면서 불의와 타협치 않는 올곧은 성품이다.

요즘 최재형 원장에 대해 관심들이 많다. 그가 국가 지도자가 된다면 국민들로서는 참 좋은 일이라 생각된다. 그러나 우리 정치 현실을 보면 솔직히 그를 아껴두고 싶다.

그간 국가와 국민을 위한다는 숭고한 뜻으로 정치에 참여한 분들 중 일부는 기존 세력의 저항으로 뿌리를 내리지 못하기도 하고, 일부는 숨겨진 흠이 드러나 좌초되기도 하고, 일부는 시간이 지나면서 오염되어 망가지기도 하고~~~ 우리가 존경할 만한 인물 몇 분쯤 남겨두는 것도 사회의 큰 자산이라 생각된다.

2021. 6. 21.
변호사 박영화 씀

칭찬을 곁들인 기우(杞憂)

박영화 변호사가 최 원장에 대해 최고의 찬사를 했다. "고아원 봉사하다가 아이를 한 명 입양해 어느 정도 키우자 다시 아이 한 명을 더 입양해 키웠는데, 그 아이는 지금 해군 사병 복무 중"이라는 이야기를 곁들인 박 변호사의 글은 잔잔한 파문을 일으키며 일파만파 퍼져나가고 있다. 하지만 그의 마지막 부분 글, "요즘 최재형 원장에 대해 관심들이 많다. 그가 국가 지도자가 된다면 국민들로서는 참 좋은 일이라 생각된다"고 한 것까지는 좋은데, "그러나 우리 정치 현실을 보면 솔직히 그를 아껴두고 싶다"고 이야기한 부분에 대해서 설왕설래가 있다.

우파들은 진정으로 최 원장을 아껴 아사리판(?)인 정치판에 뛰어들지 말라는 진심 어린 충고지만 사실상 그의 등판을 기다리는 간절한 국민의 염원을 에둘러 표현한 것이라는 말과 "그간 국가와 국민을 위한다는 숭고한 뜻으로 정치에 참여한 분들 중 일부는 기존 세력의 저항으로 뿌리를 내리지 못하기도 하고, 일부는 숨겨진 흠이 드러나 좌초되기도 하고, 일부는 시간이 지나면서 오염되어 망가지기도 했다"는 부분, 그리고, "우리가 존경할 만한 인물 몇 분쯤 남겨두는 것도 사회의 큰 자산이라 생각된다"는 부분을 두고 정치판에 뛰어들지 않는 것이 오히려 본인이나 나라에 도움이 되는 것이라고 애써 그의 출마를 저지하는 글로 이해하고 있다. 이것은 주로 청와대와 현 여권의 시각이다.

하지만 한 가지 확실한 정보는 박 변호사의 이런 언급이 역설적으로 최 원장의 인품이나 능력 면에서 출중하다는 것을 증명하지 않나 하는 생각이 든다. 한마디로 최고치의 칭송인 것이다.

하지만 정치계의 강력한 돌풍으로 봐야 한다는 사람들도 있다. 이내훈 민생당 전 대변인은 6월 24일 기자와의 통화에서 "문재인 정부에서 인선한 윤석열 검찰총장, 최재형 감사원장이 정부와 대립각을 세우며 차기 대선후보로 부각되는 상황은 특기할 만하다"며 "국민들이 문재인 정부 위선의 해악성을 알면서도 야당에서 대안을 찾지 못하고 있다는 반증이다. 정치가 반성해야 한다"고 말했다.

이내훈 대변인은 또, "최재형 감사원장은 월성 1호기 경제성 평가 감사 과정에서 드러난 강직한 신념으로 국민의 주목을 받았다"며 "이후 대선 하마평에 여러 차례 오름에도 부정적인 소문이 들려오지 않는 것은 그야말로 흠잡을 데 없이 살아오신 게 아닌가 하는 생각이 든다"고 평가했다.

민생당 전체의 생각인지 아니면 개인의 생각인지 분명하지는 않지만, 보수라고 볼 수 없는 인사의 입에서 최재형 원장의 등판에 대해 이례적으로 고무(鼓舞)되고 있다는 것은 아이러니가 아닐 수 없다. 그는 이렇게 말한다.

"법관으로서, 고위 공직자로서 흠잡을 데 없지만 정치는 가만히 있어도 깎아내리는 권력 투쟁이다. 때에 따라서는 법 이전에 인간 심리를 우선할 때가 있고, 그래야만 유리하다는 것을 역사는 알려준다."

정치판의 모진 풍파를 견뎌낼 수 있을지에 대해 걱정을 하는 것일 뿐, 실제로는 그의 등판을 환영한다는 것을 이야기하고 있다.

"그런데 최재형 감사원장께서 변칙적인 정치 투쟁의 한복판에서 사람들을 모으고 난관을 헤쳐나갈 수 있을지에 대해선 아직 아무것도 검증된 것이 없다. 강직하고 청렴하다는 데에 많은 사람이 동의하기 때문에 우리 사회에 꼭 필요한 분이라는 데에는 이견이 없다. 다만, 뜻을 더 크게 펼치려면 당장 외부의 기존 정치세력에 의지함으로써 강직한 신념이 왜곡되기보다는 시간을 가지고 정치적 성과를 쌓으며 국민께 인정받는 것이 좋지 않을까 한다."

그리고 결정적으로 "과정에 지향점이 같은 사람을 많이 모으면 앞으로 중요한 역할을 하실 수 있지 않을까 생각한다."고 하면서 최 원장에 대한 기대감을 드러내고 있다.

심지어 김영환 전 의원은 "최재형 감사원장은 물론 여러 면에서 훌륭한 분이기는 하다. 하지만, 지금 본격적으로 대선판에 등판한다 하더라도 등판 시기가 너무 늦은 감이 있다"고 모 기자[83]에게 말하기도 했다.

이러한 행간 속에서 우리가 알 수 있는 것은 어느 누구도 최 원장의 인성이나 인품에 대해선 한 마디의 폄하도 없다는 것이다. 인생 70여 년을 살아오면서 성직자도 듣기 힘든 칭찬과 미

---

83) 뉴스웍스. 원성훈 기자. 2021.06.24 www.newsworks.co.kr.

담을 줄줄이 달고 있다는 것은 확고한 삶의 철학이 전제되지 않고는 설명이 되지 않는 부분이다.

인품과 인성이 곧 그 사람

우리나라 법조 역사에서 칭찬을 듣는 분들이 여럿 있다. 그 중 많은 사람들의 입에 아직도 회자되는 분이 가인(街人) 김병로 대법관이었다. 법조계에서 '영원한 대법원장'으로 존경받고 있는 인물이 그분이다.

대법원장 재직 중에 이승만 대통령과 충돌한 일이 있었다. 피고는 현역 대위를 권총으로 쏘아죽인 사람이었다. 그런데 1심 법원이 정당방위라며 무죄를 선고했다. 그러자 이승만 대통령은 "어떻게 그게 무죄냐"며 항의한 것이다. 가인 김병로 판사는 이렇게 말했다.

"각하! 판사가 내린 판결은 대법원장인 나도 뭐라 못합니다. 유죄라면 항소하면 됩니다."

많은 분들이 당시 김병로 판사를 가리켜 '대법원에 있는 헌법'이라고 불렀다. 그분은 항상 헌법의 원칙을 들이대며 자신의 소신을 고수했기에 정부와 사사건건 대립각을 세웠다. 그는 1957년 "사법 종사자들에게 있어서는 (사법상) 부정을 범하는 것보다 굶어 죽는 게 영광"이라는 유명한 말을 남기고 직에서 물러나 퇴임 후에도 존경을 받았다고 한다. 절약이 몸에 밴 그는 기름을 때는 대법원장 공관에서도 톱밥과 연탄으로만 겨울을 났다고 한다. 청렴과 정직, 원칙과 소신이 남달랐던 분이었다고 한다.

법조계에는 김병로 판사 외에도 많은 위인들이 있다. 그러한 귀감이 될 만한 법조인 중 한 명으로 소개하는 분이 바로 최재형이다. 자료를 뒤지다 보니 이미 최재형 판사는 2006년에도 후배들이 존경하는 판사로 이름을 날렸다. 다음이 당시의 기사 내용이다.

대구고법 부장판사로 재직하다 서울고법으로 자리를 옮긴 최재형 판사도 후배들이 존경해 마지않은 '향기로운 사람'이다. 독실한 기독교 신자인 그는 사랑을 몸으로 실천하는 판사다. 경기고 재학시절 다리가 불편한 친구를 등에 업고 등교시킨 일화는 '경기고의 전설'이 됐다. 중학교 때 교회에서 만난 친구가 수술 후유증으로 1년 늦게 경기고에 입학하자, 신촌에서 경기고까지 하루도 빠지지 않고 '한 몸 등교'를 했다. 그리고 81년에 나란히 사법시험에 합격, 법조인의 길을 걷게 됐다. 친구는 변호사의 길을 가고 있지만, 지금도 두 사람은 같은 교회 장로로 일하며 우정을 키워가고 있다. 최 판사의 친구인 강명훈

변호사는 "최 판사는 신이 보낸 천사이며, 법조인의 양심을 생명처럼 소중히 여기는 사람"이라고 소개했다. 최 판사는 슬하에 2명의 자녀가 있는데도 2명을 입양했다. 최 판사는 입양의 계기를 묻는 기자의 질문에 "하나님의 뜻"이라고만 짧게 대답했다. 그러나 첫 아이 입양날짜까지 기억하고 있었다. 올해 대구고법으로 전보 온 뒤 또 한 명의 자녀를 봤다. 김천 모 보육원에서 생활하고 있던 사내아이를 가슴으로 안았다. 최 판사는 2001년 사법연수원에서 발행하는 잡지 '미네르바'에 기고한 '입양 이야기'에서 자신의 마음을 내비쳤다. "저희에게 한 가지 작은 소망이 있습니다. 좀 더 많은 아이들이 가정을 갖게 되고, 나아가 우리 아이 주위에도 그런 친구들이 많이 생겨, 나중에 아이들 자신이 입양되었다는 사실에 크게 가슴앓이하지 않고 자연스럽게 받아들일 수 있게 되는 것이죠. 모든 사람들에게 입양하기 전에는 '입양, 우리의 부담'이었으나, 입양한 후에는 '입양, 우리의 기쁨'이 됐으면 합니다." 최 판사는 '소신판결'로도 유명하다. 올 2월 구체적인 설명 없이 '부적격 교사' 명단을 공개해 해당 교사 등의 명예를 훼손한 혐의로 기소된 '학교를 사랑하는 학부모 모임' 임원 5명에게 원심을 깨고 무죄를 선고했다. 피고인들의 명단을 공개한 것은 전교조나 명단 내 교사들을 비방하기 위해서라기보다는 학습권 등 공공의 문제를 다루려는 목적이었고, 명단 내용도 대체로 사실에 근거한 것으로 보인다는 이유에서다. 6개월 간의 짧은 대구 생활 가운데서도 후배 법조인들에게 많은 가르침을 남겼다. 최 판사가 사법연수원 교수로 재직하던 시절 자신에게 배운 후배 법조인들이 식사를 대접하려 하자 식사 대신 이들에게 책 한 권씩을 선물했다. 각각 다른 책을 선물 받았지만, 적혀진 메모 내용은 다음과 같았다. "세상을 따뜻하게 하는 법조인이 되시기를."[84]

84) 「최영호 기자의 법조 이야기 28. 향기로운 사람, 최재형 판사」 영남일보 (2006.09.15.) 8면 (www.yeongnam.com,)

9. 법조인 최재형

자랑스러운 서울법대인

2021년 6월 22일에 서울대 법대 동창회(회장 우창록)에서 '제29회 자랑스러운 서울법대인' 선정식이 있었다. 여기에 최재형 감사원장과 정해주 한국화학융합시험연구원 이사장, 남승우 풀무원재단 상근고문에게 상을 수여키로 했다고 발표했다.[85]

동창회는 밝히길 최 원장에 대해 "국가정보원, 검찰청 등 권력기관에 대한 사상 최초의 감사를 실시해 각 중요기관 운영의 건전성 및 예산집행의 효율성 증진에 일조했다"고 선정 이유를 설명했다. 시상식은 29일 서울 중구 플라자호텔에서 열릴 예정이라고 밝혔다. 비슷한 시기 또 다른 뉴스가 실렸다.

---

85) 이순규 기자 soonlee@lawtimes.co.kr : 2021.06.22.

"드디어 文 정부 떠나는 최재형… '흠잡을 데 없지 않나' 野들썩."

이 뉴스의 관심은 국민의힘에서 윤석열 전 검찰총장 대신 최재형 감사원장에게로 눈을 돌리는 분위기가 감지된다는 요지였다.[86] 그러면서 대변인 사퇴 등 캠프 내 혼란과 'X파일'로 악재를 맞은 윤 전 총장이 주춤하는 사이 최 원장이 대권 주자의 대안으로 부상하는 모양새라는 이야기다. 최 원장의 최측근은 25일 〈뉴스1〉과의 통화에서 "아마 다음 주 초에는 뭔가 발표하지 않을까 한다"며, "발표는 사퇴를 먼저 이야기할 것"이라고 밝혔다. 발표 시점에 대해서는 "아버님에게 자신의 생각을 잘 설명드리고, 걱정을 덜어드린 후"라며 "그 다음 수순은 (대권 도전이) 되지 않을까 싶다"고 전했다.

사람이란 모름지기 만상을 어떻게 보고, 어떤 세계관을 가지고 있느냐에 따라 나오는 철학과 사상과 정책이 다르다. 우리가 살고 있는 이 시대는 가장 크게 나누면 유심론과 유물론의 두 가치관이 지구촌 전체에서 대립하고 있는 시대이다. 만물의 근원이 인간의 마음과 영혼에 있다고 믿는 사람들과, 만물의 근원은 물질이며 이 물질이 적자생존의 법칙에 따라 진화했으며 생물학적 진화를 넘어 정치·사회 구조까지도 진화했다고 믿는 사람들이 공존하고 있다는 말이다.

---

86) News1 박지혜 기자 유경선 기자, 최동현 기자 입력 2021.06.25.

만물의 근원에 대한 기본 세계관이 다른 두 집단의 충돌은 구약성경 「창세기」에 나오는 가인과 아벨의 이야기에서부터, 또는 바벨론 마르둑의 신화에서부터 현대사까지 모두가 다 갈등과 반목이다. 전체주의와 영원한 자유주의의 대결이다. 다행히 최 원장은 보수 우파가 지향하는 자유주의 인권주의와 가깝고, 그러한 열망을 구현하기에 적합한 가치관의 소유자라는 것이다. 모름지기 사람이란 가치관이 신념이 되고 행동철학이 될 때 그의 행적은 그에 상응한 결과들을 낳는다. 그것이 사람의 행적이고 좋은 결과가 나올 땐 업적(業績)이라고 하는 것이다.

대쪽 판사

판사의 길에서 그는 어땠는가? 서울고법 부장판사 시절 2012년 전(前) 광주지법 수석부장판사가 자신의 친구를 법정관리 기업의 변호인으로 선임하게 해 '향판(鄕判)논란'을 일으킨 사건의 항소심 재판장을 맡자 무죄를 선고한 원심을 깨고 벌금 300만 원을 선고했다. 이것은 전례가 없던 일이었다. 최 판사는 이처럼 친분과 정실(情實)에 얽매이지 않고 엄정한 판결을 내렸으며, 양심과 법의 원칙을 지켰다. 이런 자료들은 그를 이해하는 데 도움이 된다.

앞에서도 언급했지만, 본인의 직접적인 저서나 글이 없는 상황에서 한 사람의 철학이니 사상을 논한다는 것은 어불성설임에 틀림없다. 하지만 그 편린들을 종합하면 중심을 볼 수 있다고 말한 것인 아리스토텔레스가 말한 질료와 형상으로 설명되는 철학의 방법론이다. 그런 면에서 최 원장에 대한 세간의 평가 중 하나가 대쪽이라 들리는 것은 좋은 이야기다. 즉 그에게 소신이 있다는 말이다. 이것은 그가 인기에 영합하거나 소위 줄을 잘 서는 그런 기회주의자가 아니라는 것을 증명하는 단어이기에 더욱 소중하다. 또한 자신이 가진 신념과 가치관에 따라 인기에 영합하지 않고, 법률이 부여한 권위에 따라 흔들리지 않고 직진한다는 뜻이다. 대통령 직속 감사원 원장에 임명된 후, 여당과 청와대의 압력과 비난에도 꺾이지 않고 소신껏 활동했던 모습은 조국 전 장관과 비교되며, 모범적인 관리의 전형이라는 국민적 이미지를 얻기에 충분했다. 덕분에 물 스며들 듯 국민의 마음속에 최재형 이름이 새겨지고 있는 것이다.

국리민복의 길

앞서도 이야기했지만 한 정치적 인물을 평가하기 위해선 살아온 궤적을 살펴보아야 한다. 하지만 주지하다시피 최 원장의 궤적 대부분은 법원을 중심으로 살아온 판사의 자리였다. 그래서 그의 판결과 판례로 일부분 그의 소신과 신념을 살펴볼 수

밖에 없다.

조용한 성품의 판사 출신 최재형 감사원장이 감사위원 인선을 놓고 이렇게 청와대와 각을 세우리라고 예상한 사람은 거의 없었다. 감사원 직원들은 최 원장이 자신의 신조와 다른 현실에 초기에는 소신을 가지고 임할지는 모르지만 결국 '원만히' 임기를 마치는 길을 선택할 것이라고 봤다. 최 원장을 감사원장으로 지명한 청와대는 그런 그의 조용한 성품, 원만히 해결하려는 경향 등 이런 점을 들어 안심했을 것이다. 하지만 결과는 정반대였다.

청와대가 이런 생각을 할 수 있는 이유는 감사원은 대통령직속 행정기관이며, 사무총장을 비롯한 5급 이상 모든 감사원 공무원의 임면권을 대통령이 쥐고 있다. 또 감사원장이 아무리 날고뛰어도 친여 성향 감사위원으로 포위하면 그만이었기 때문이다. 감사원 최고위 협의체인 감사위원회의 의사 결정에서 감사원장은 7인의 감사위원 중 1표일 뿐이다. 감사원 설치근거가 헌법에 있고, 감사원법에서 '대통령에 속하지만, 독립적 지위를 갖는다.'고 규정한 것은 맞다. 그러나 역사적 경험은, '독립적 지위'가 아니라 '대통령에 속한다'는 문구가 훨씬 힘이세다는 것을 입증했다. 그래서 국민일보 배병우 논설위원은 다음과 같이 말한다.

"여권의 실책은 최 원장을 과소평가한 것이다. 최 원장을 아는 사람들의 얘기를 종합하면 최 원장에 대해 단순히 원칙론자라는 표현은 부족하다. 양심과 원칙에 대한 신념이 매우 굳음은 물론이다. 최 원장의 차별성은 이러한 신념을 실천한다는 점이다."

대개의 신앙인이 그렇듯이 양심과 원칙을 지키는 과정에서 고난이 닥치면 대개의 신자들은 그 고난을 신앙을 성숙시키는 연단(鍊鍛)의 과정으로 받아들이도록 훈련되어 있다. 그런 최재형 원장을 여권이 이길 수 없다는 것은 불을 보듯 뻔하다.

오히려 이러한 그의 강한 신념과 소신이 그를 윤 전 총장과 함께 야권의 대권 주자로 올라서게 했다. 이제 서서히 최 원장의 '행동 개시'가 가시권에 들면서 그동안 윤석열 전 총장에 집중됐던 스포트라이트는 최재형 원장으로 옮겨가고 있다. 최 원장의 소신과 신념이 윤 전 총장과 비교했을 때 장점이 많고 단점을 적게 했다고 판단된다. 그렇다고 해서 윤 전 총장에게 소신이나 신념이 없다는 말은 아니다. 조금 더 그렇다는 말이다.

그 증거로 최 원장에게는 'X파일'이 없다. 두 사람 모두 문재인 정부에서 신임을 받으며 감사원장과 검찰총장 자리에 임명된 이후에 정부·여권과 대립각을 세웠다는 점은 같지만, 최 원장에게는 X파일로 대표되는 네거티브의 빌미가 적다는 점이 국민의힘이라는 제1야당에게는 매력적으로 다가가는 모양새다.

실제로 윤 전 총장은 X파일과 관련해 캠프 내·외부에 적지 않은 혼란을 안겼다. 당초에는 "여야 협공에는 일절 대응하지 않겠다. 내 갈 길만 가겠다"며 '무대응' 원칙을 천명했지만, 야권 인사인 장성철 '공감과논쟁정책센터' 소장이 X파일의 내용이 가볍지 않다고 밝히며 파장이 커지자 입장을 바꿔 "정치공작·불법사찰"이라고 반발했다.

국민의힘과도 X파일 여파로 관계가 애매해졌다. 국민의힘으로서는 아직 당내 인사가 아닌 윤 전 총장을 적극 옹호할 수도, 방치할 수도 없는 상황이었다. 당 지도부는 X파일이 정치공세라는 시각에 동의하면서도 내용은 보지 못했다는 입장으로 일관하며 거리를 뒀다.[87]

당에서는 X파일 내용의 진위 여부보다 네거티브 공세 자체가 문제라는 시각이 있다. 반면 최 원장에게는 이 같은 위험이 적다는 것이다. 두 아들을 입양한 이야기를 비롯해 선행과 미담이 수두룩하다. '정부와 맞선 소신과 원칙의 감사원장'이라는 이미지는 가족과 본인 관련 의혹으로 숱한 공격이 예상되는 윤 전 총장과 대비되는 지점이다.

이밖에 국민의힘 일각과의 구원(舊怨)이 없다는 점도 최 원장이 가지고 있는 비교우위이자 장점이다. 윤 전 총장에게는 문

---

87) 뉴스1 ⓒ News1 이동해 기자 2021.06.25.

재인 정부 초기 이른바 '적폐청산 수사'에 앞장섰으며, 박근혜 전 대통령 탄핵과 뗄 수 없다는 과거가 있다. 결국 최 원장은 윤 전 총장보다 결점이 적은 대체재인 셈이다.

과거 재판에 대한 오해

최재형 원장이 유력 대선 후보로 떠오르자 청와대가 난리가 난 것은 명명백백(明明白白)한 일이다. 그래서 현 여권 지지자들로부터도 견제를 당하고 있지만 야권 지지자들 중에서도 최 원장 관련 루머들이 나오고 있다. 그 내용을 들추어보면 과거 대부분 공안사범 사건에 대한 재심신청 건이다. 그들의 주장인즉슨, 최 원장의 이념적 성향 때문에 간첩들을 많이 사면해 주는 판결을 내렸다는 것이다.

이에 대한 논란들은 일찍이 감사원장 후보로 지목되면서 나오기 시작했다. 청와대가 첫 감사원장 후보자에 최재형 사법연수원장을 지명하자마자 판사 출신인 최 후보자의 과거 재판 이력에 관심이 쏠린 것이다.

국제신문 보도에 따르면 가장 눈에 띄는 재판은 2012년 최 후보자의 서울고법 재직 당시 선재성 판사에 대한 무죄 선고 항소심 사건이다. 당시 판결이 이뤄진 후 일각에서는 재판의 공정성을 두고 비판이 제기되기도 했다. 이 재판에 앞서 광주지법에서 무죄선고가 나자 담당 검사가 공정성의 이유를 들며 이 사건을 서울고법으로 옮겼다. 사건이 옮겨질 당시 사상 초유의 판사 사건 이관으로 여론의 주목을 받았다.[88]

당시 선 판사는 가족, 지인 등을 법정관리 기업의 관리인으로 선임하고 그 대가로 거액의 뇌물을 받은 혐의를 받았다. 그러나 서울고법 형사12부 소속의 최 후보자는 판사로서 이 혐의에 대해 무죄를 선고한다. 일부 변호사법 위반 혐의에 대해서는 300만 원의 벌금형을 선고했다.

또 최 후보자는 과거 70대 할머니를 성폭행하고 이 장면을 촬영한 혐의로 구속기소 된 가해자들을 집행유예로 풀어줘 논란을 빚기도 했다.

2012년 최 후보자는 준강간치상 등의 혐의로 구속기소된 68세 남성과 44세 남성에 대해 징역 3년의 실형을 선고한 1심을 깨고 징역 2년 6개월에 집행유예 3년, 40시간의 성폭력치료 강의 수강 명령을 선고했다.

당시 최 후보자가 부장판사로 있었던 형사12부는 "피고인들의 죄질이 무겁고 피해자가 72세 노인으로 이 사건 범행으로 크나큰 정신적·육체적 고통을 겪었을 것으로 보인다"면서도 "우발적으로 범행에 이르게 된 점, 범죄 전력이 없는 점, 피고

---

88) 2017년 12월 7일자 국제신문은 최 원장에 대해 처음으로 그의 과거 재판을 소환했다.

인 중 1명은 피해자의 피해 회복을 위해 2,500만 원을 공탁한 점 등을 참작했다"고 집행유예 이유를 설명했다. 판결 직후 법조계 일각에서는 "최근 성범죄에 중형을 내리는 추세와 배치된다"며 "그 배경이 궁금하다"는 뒷말이 무성했다. 인터넷에 떠도는 관련 이야기들을 정리하면 대략 다음과 같다.[89]

1977년, 1983년 간첩사건, 재일조총련 간첩 사건의 판결을 뒤집고 간첩에게 무죄 준 서울고법 12부 부장판사.

윤필용 사건 연루자 38년 만에 무죄판결로 판결 뒤집은 서울고법 12부 부장판사. 그는 징역 15년 형을 무죄로 뒤집음.

홍광철 북한직파간첩 국정원에서의 자백 받은 걸 뒤집어 간첩에 무죄 준 판사 최재형(이 정도면 대단한 빨갱이 부역자)

청우회사건. 동아일보 이부영에게 2억대 보상받아준 사건. 1975년 모택동 추종 사건 청우회 사건을 뒤집어서 빨갱이에게 피해보상금 받게 함. 2016.3.18일 서울고법 형사4부

'청와대 문건 유출' 검찰 2년 조웅천 10년 박관천 7년 판결을 2심까지 끌어내어 집행유예로 석방시킴

89) 출처 자유블로거님.

이상이 현재 가장 많이 세간에 떠도는 최 원장에 대한 비판과 불안한 시선이다. 그렇다면 과연 최재형 원장의 사상이 우리가 흔히 말하는 좌익적, 혹은 사회주의적이라 그런 걸까? 하지만 이런 의구심들은 알고 보면 정확한 사실 관계를 알지 못하고 편견을 가지고 만든 의혹들임을 알 수 있다. 하지만 최 원장의 행보가 의심스러운 구석이 한두 가지라도 있다면, 시간이 걸리더라도 조사하여 정확한 사실을 알릴 필요는 있다.

10. 감사원장 최재형

문재인이 인정한 청렴성이

최 원장은 1995년 3월부터 2년간 헌법재판소 헌법연구관으로 근무했다. 청와대는 지난 2021년 4월부터 공석이 된 감사위원에 김오수 전 법무부 차관을 제청해 달라고 두 차례 요구했다. 하지만 최 원장은 이를 거부했다. 문재인과 청와대 참모들이 인정한 그 청렴성이 되래 문 정권에 압박으로 돌아왔다. 거부의 이유는 간단했다.

"김오수 전 차관 후보는 검찰 출신으로 조국·추미애 등 현 정부 법무부 장관을 지지한 친여 인사입니다."

어쩌면 당연한 말이고 주장이다. 하지만 여권은 이를 정치적 목적이 있는 항명이자, 대통령 인사권에 대한 도전이라고 비판했다. 하지만 감사위원회의 구성을 보면 최 원장의 고민이 이해된다. 공석인 한 자리와 최 원장을 뺀 5명의 감사위원 전원이 현 정부에서 임명됐다. 이미 친정부 쪽으로 지형이 기운 상황에서 또 한 명의 친여 인사를 받아들여서는 감사원 업무의 독립성과 정치적 중립은 허구일 뿐이라는 판단을 했던 것이다.

대선 출마 선언을 코앞에 둔 최재형(65) 감사원장의 사퇴 결심 배경에는 '친정부' 성향으로 분류되는 김오수 검찰총장이 임명된 일이 '결정타'라는 얘기가 정가에 파다하다. 김 총장 부임 직후 단행된 검사장급 인사에 이어 25일 차장·부장검사 인사에서 살아있는 권력을 겨눈 수사에 '삼중 방탄막'을 치면서 최 원장의 우려가 현실화됐다는 평가도 나온다. 이 글을 한참 쓰고 있던 2021년 6월 26일 중앙일보는 재밌는 제목의 기사를 실었다.

「최 원장, 文 김오수 총장 임명에 "이념이 나라 망친다."」

이게 무슨 말인가. 최 원장은 청와대에 사의를 곧 표명할 것이라는 이야기가 나온 가운데 사임의 변이 김오수 총장에 대한 정부의 밀어붙이기식 임명 강행이란 것이다.

청와대는 지난해 7월 최재형 원장에게 법무부 차관을 그만두고 변호사로 활동하던 김 총장을 차관급인 감사위원으로 제청해달라고 요청했으나 최 원장이 이 요청을 모두 거부했었는데, 문 정권이 결국 김 총장을 검찰총장으로 임명한 것이다. 그리고 최 원장은 자신의 측근들에게 "이념이 나라를 망친다"고 말했다는 것이다.

여기서 최 원장의 이념을 추측해 볼 수 있는 근거를 발견할 수 있다. 단순히 뜻이 맞는 코드 인사가 아니라 자신들의 사상과 일치하는 이념 인사(?)를 한다고 반발한 것이다. 여기서 말하는 저들의 사상, 이념이 무엇이겠는가. 당연히 사회주의이고 주체사상이며, 앞장에서 말했던 시대적 사조(思潮)인 PC주의인 것이다. 최 원장은 당시 거부 이유에 대해 국회에서 "감사원의 정치적인 중립성과 독립성을 지킬 수 있는 인물을 제청하라는 것은 헌법상으로 감사원장에게 주어진 책무"라고 에둘러 밝힌 바 있다.

정치적인 중립성, 즉 이념과 사상을 뛰어넘는 헌법과 법률, 그에 따른 원칙을 지키는 것이 중요하다고 여기는 자유민주주의 법질서를 앞세우는 철저한 보수주의자며 따뜻한 원칙주의자라는 것을 보여준다.

최재형 감사원장의 감사원 감사로 촉발한 월성 원전 경제성 평가 조작 의혹 역시 결과에 따라 엄청난 정치적 파급력을 보일 것이다. 문재인 정부는 정권 말기가 되면서 여러 곳에서 무리수를 두고 있다. 권력 수사를 구조적으로 막으려는 정권 차원의 움직임이 계속적으로 나타나고 있는 것이다. 이런 상황에서 감사원장의 자리에 연연한다는 것은 임기 채우기 외에는 어떤 의미도 없다는 것을 알기에 최 원장은 사표를 쓰고 국민들의 여망에 어떤 모양으로든지 부응하려고 이제 새로운 길을 나서려는 것으로 보인다.

그렇지 않아도 견제와 균형과는 거리가 멀어 제왕적 대통령 소리를 듣던 한국 대통령이 임기 말이 되자 여기저기서 노선에 대한 이탈자들이 나오고 있다. 무섭게 폭주하는 대통령 권력에 유일하게 이의를 제기한 고위 공직자인 최재형 원장. 그는 중앙 부처의 한 고위 관료의 말대로 "현실도 모르고 대통령과 싸움에 나선 바보이자 고집불통"이다. 이것은 그가 신념과 철학의 사람이란 것을 보여주는 것일지도 모른다. 이 나라와 국민에게는 이런 사람이 필요하다. 법과 원칙이 무너지는데도 침묵하거나 잇속에만 눈이 어두워 조변석개하는 공직자가 넘쳐나는 세상이다. 최 원장 같은 바보가 한 명이라도 더 늘어나야 희망이 있다.

낭중지추(囊中之錐)

'낭중지추'라는 사자성어는 일반적으로 많이 사용되는 단어는 아니다 하지만 적지 않게 들어볼 수 있는 단어 중 하나다.

낭중지추라는 사자성어는 주머니 낭(囊), 가운데 중(中), 갈 지(之), 송곳 추(錐) 자로 구성되어 있다. 직역하면 '주머니 가운데 송곳'이라는 뜻으로, 재능이 매우 뛰어난 사람은 숨어있다고 해도 남의 눈에 드러난다는 뜻이다.

중국 전국시대 말 무렵에 진나라의 공격을 받은 조나라 혜문왕은 그의 동생이자 재상인 평원군을 초나라에 보내어 구원군을 요청하기로 했다. 평원군은 20명의 수행원을 데리고 가도록 하였는데, 19명은 손쉽게 뽑았지만 나머지 한 명을 뽑지 못해 고심하고 있었다. 그때 모수라는 식객이 와서 말하길 "나리, 저를 데려가 주십시오."라는 말을 했다. 평원군은 어이가 없지만 되묻기를, "그대는 내 집에 온 지 얼마나 되었소?" "이제 3년이 되어갑니다." "재능이 뛰어난 사람은 주머니 속의 송곳과도 같이 끝이 밖으로 드러나 다른 사람의 눈에도 드러나는 법이오. 그대는 내 집에 온 지 3년이 되었는데 아직도 그대의 이름이 드러난 적이 없지 않소?" "나리께서 이제까지 저를 단 한 번도 주머니 속에 넣어 주시지 않았기 때문입니다. 하지만 이번에 주머니 속에 넣어주신다면 끝뿐만 아니라 자루까지 보이겠습니다."라는 재치있는 답변을 하였다. 그러자 평원군은 그를 데리고 초나라에 가게 되었다. 초나라에 도착하여 모수의 활약으로 국빈으로 환대받고 구원군도 얻었다.

최재형 원장이 낭중지추가 된 것은 2017년 12월 21일 국회의 청문회 때부터였다. 감사원장 임명동의에 관한 인사청문특별위원회가 열린 자리에서 그는 여야 모두가 주목하는 인사가 된 것이다. 당시 위원장은 우상호였다. 61세였던 최재형 감사원장이 청문회 자리에서 일어나 모두 발언을 함으로 결국 오늘 이 자리까지 이르게 되었다. 그의 모두 발언에는 그의 국정철학이 나타난다. 최 후보자 모두 발언 전문을 한번 살펴보자.

존경하는 우상호 인사청문특별위원회 위원장님! 그리고 위원님 여러분! 바쁘신 의정활동 중에도 귀중한 시간을 내어 인사청문회 자리를 준비해 주신 데 대해 먼저 감사의 말씀을 드립니다.

저는 오늘 제24대 감사원장 후보자로서 그 자질과 능력을 검증받기 위해 이 자리에 섰습니다. 저는 1986년 법관으로 공직생활을 시작한 이래 30여 년 동안 법과 정의가 살아있는 사회를 만드는 데 조금이나마 제 힘을 보태고자 노력해 왔습니다. 그러던 중 뜻하지 않게 감사원장직을 제의받게 되어 개인적으로는 커다란 영광이었습니다만, 그보다는 감사원장이라는 막중한 책무를 잘 해낼 수 있을지에 대한 걱정이 앞섰습니다. 또 한편으로는, 법관으로서 평생의 소임을 다하지 못하는 데 대한 아쉬움과 송구스러운 마음도 교차하였습니다.

하지만 저는 국가 최고감사기구인 감사원에서 공직사회의 법과 원칙을 바로 세우는 일도 법치주의의 정착, 사회정의의 구현을 위해 일했던 법관으로서의 공직생활 못지않게 의미 있다고 생각했습니다. 저는 그간 법관으로서 사건의 진실을 밝혀내고 다양한 이해관계를 균형감 있게 처리하며 국민의 권익을 보호하기 위해 노력해왔습니다. 또한, 대법원 공직자윤리위원회, 법관징계위원회 위원 및 부패전담 형사재판장의 직을 수행하면서 법원 내 공직기강 확립을 위해 힘쓰고 사회의 부정부패에 대해서도 엄정하게 처리한 바 있습니다. 이러한 소중한 경험을 살려 국가와 감사원의 발전에 미력이나마 보탬이 될 수 있다면 이 또한 저의 소명이라 생각하여 감사원장 후보자로 검증을 받기로 결심하였습니다.

존경하는 위원님! 그리고 국민 여러분! 저는 이번 청문회를 준비하는 동안 국민이 감사원에 대해 갖는 기대와 감사원장으로서의 책무가 얼마나 크고 무거운지 다시 한 번 생각하고 느끼게 되었습니다. 국민들께서는 감사원이 공직사회 최후의 보루로서 엄정하고 공정한 감사를 통해 공공부문의 불합리한 부분을 걷어내고 깨끗한 공직사회를 만들어 줄 것을 기대한다고 저는 생각합니다. 후보자의 신분으로 아직 감사원의 업무를 자세히 파악하고 있지는 못하지만, 제가 인사청문회를 거쳐 감사원장에 임명된다면 이것만은 꼭 지켜야겠다고 다짐한 각오를 간략하게 말씀드리겠습니다.

우선, 감사원의 독립성을 확고히 지켜나가겠습니다. 저는 감사원의 독립성과 관련하여 일부 논란이 있었다는 사실을 잘 알고 있습니다.

감사원이 아무리 뛰어난 감사결과를 내놓는다고 하여도 감사원의 독립성이 지켜지지 않는다면 그 감사결과는 물론 감사원에 대한 신뢰도 뿌리째 흔들릴 것입니다. 제가 법관으로 재직하는 동안 법관의 독립을 소중한 가치로 여기며 공정한 재판을 위해 노력했던 경험과 소신을 살려, 저 자신은 물론 감사원 구성원들 모두가 외부로부터의 어떠한 부당한 간섭에도 흔들림 없이 독립하여 감사를 수행할 수 있도록 온 힘을 다 하겠습니다.

다음으로, 감사원 본연의 임무를 충실히 수행하겠습니다. 헌법이 부여한 감사원의 임무인 회계검사와 직무감찰을 성실히 수행하여, 공공부문의 비효율과 낭비를 막고 공직기강을 확립하는 데 최선을 다하겠습니다. 특히, 사회적 약자의 권익과 국민생활의 안전을 지키는 데 감사원이 보탬이 되도록 노력하겠습니다. 아울러, 감사원이 더욱 신뢰받을 수 있도록 감사의 투명성과 책임성을 강화하고 국정 전반에 대한 감사를 내실화하기 위한 방법들도 계속해서 모색해 나가겠습니다.

마지막으로, 공직사회의 활력을 살리는 감사원이 되도록 하겠습니다. 저는 무엇보다도 유능하고 열심히 일하는 공직자가 우대받는 공직사회가 되어야 한다고 생각합니다. 그간 감사가 공직사회를 위축시킨다는 우려도 있었던 만큼, 적극행정면책제도를 더욱 확대 적용하고 감사를 받는 공직자와 피감기관을 존중하는 마음으로 감사에

임하는 것은 물론 피감기관이나 감사원이 함께 국민에게 힘이 되는
깨끗하고 효율적인 공직사회를 만들어나가는 동반자라는 인식하에
감사업무가 이루어지도록 힘쓰겠습니다.

존경하는 인사청문특위 위원님! 그리고 국민 여러분! 저는 감사원장
이라는 직책이 능력뿐만 아니라 높은 청렴성과 도덕성이 요구되는
매우 중요한 자리라는 것을 잘 알고 있습니다. 오늘 이 자리에서 업
무와 관련된 사항은 물론 저의 평소 소신이나 신상 문제들에 대해서
도 위원님들의 질의에 있는 그대로 성실히 답변 드리도록 하겠습니
다. 국민의 뜻과 다름없는 위원님들의 지적이나 충고도 마음 깊이 새
기겠습니다. 저에 대한 청문회를 위하여 귀중한 시간을 할애해 주신
위원장님과 위원님들께 다시 한번 깊은 감사를 드리며, 이것으로 청
문회에 앞선 제 발언을 마치겠습니다. 감사합니다.

태풍의 눈이 된 최재형

7·8월이 되면 우리나라는 태풍권에 놓이게 된다. 적게는 열
차례에서 많게는 스무 차례 가까이 태풍이 한반도 주변을 스
치고 지나간다. 그런데 세상을 집어삼킬 듯한 그 태풍도 실상
은 작은 저기압의 소용돌이, 흔히 말하는 태풍의 눈이 형성되
면서부터 시작된다. 사실 최 원장이 발언을 할 때만 해도 여야

모두 그가 태풍의 눈이 될 줄은 아무도 몰랐다. 여당은 여당대로 야당은 야당대로 기대 반, 우려 반으로 탐색전을 벌였다. 감사원장의 자리는 각 정부 부처(部處)를 상대로, 외부의 압력 없이 독립적인 감사를 벌일 수 있는 국가 최고 감사기관의 수장이다. 감사원장은 대통령이 임명하지만, 그 직무에 관해서는 독립성이 보장된다. 그는 청문회 모두 발언에서 감사원의 독립성을 철저하게 지키겠다고 했고, 그 원칙과 약속을 지켰기 때문에 우리는 지금 희망의 작은 비구름을 보는 것이다.

패턴을 반복한다 그것이 철학이다

인간은 잘 바뀌지 않는다. 대통령도 한 명의 인간에 불과하다. 대통령이 되어서도 그가 사람이라면 과거의 행동 패턴을 반복한다.

대중은 대선후보가 하는 말에 영향을 받아 대통령을 뽑는다. 중요한 것은 그의 말이 아니고 공약과 정책도 아니다. 정말 중요한 것은 과거 행적이다. 한 사람의 과거 행적을 보아야만 미래를 알 수 있다.

결론적으로 말해 우리는 무엇에 근거하여 대통령 후보를 판단해야 할까?

한마디로 정의하자면 과거의 행적이다.

그 사람이 성장하고 살아오면서 보인 행동 패턴을 분석하면 그의 철학이 보이고 이념이 보이면 사상이 드러난다. 삶의 난관들을 어떻게 뚫어왔는지 결정적인 순간 어떤 선택을 내려왔는지를 주도면밀하게 살피면 그의 중심이 보이고 우리가 따를 사람인지 아닌지 알 수 있다.

최재형 감사원장이 정치권의 콜을 받게 된 계기는 아무래도 월성 원전과 관련한 뚝심 때문일 것이다. 채널A 방송이 2021년 1월 29일에 내보낸 방송이 그 시발점이라고 본다. 김종석 앵커가 진행한 뉴스에서 이두아 변호사, 이현종 문화일보 논설위원, 최진봉 성공회대 교수, 하종대 보도본부 선임기자가 나와여러 가지 이야기를 했는데 그중에 가장 주목을 받은 뉴스가 최 원장과 관련된 이야기였다.

당시 최 원장은 민주당이 보인 행동에 대해 브레이크를 밟은것은 사실이다. 그들은 민주주의 정부의 정통성을 부정하고 정부의 탈원전 정책을 노골적으로 반대하고도, 그 사실이 드러나자 국회 법사위에서 변명으로 일관하는 최재형 감사원장을 탄핵하려고 했다.

"나라 꼴이 이게 뭔가? 촛불 시민들이 검찰 개혁하라
고 대통령 뽑아 놓았더니, 그 대통령이 임명한 검찰총장이 자기 머리 꼭대기 위에서 정치를 하는 것을 방치하다니….도저히 이해가 안 간다!"[90]

이런 말들이 현 정부를 지지하는 사람들의 입에서 터져나오고 있다. 심지어는 이런 말도 들린다.

"대통령 위에 감사원장, 감사원장 위에 검찰총장… 인사가 '망사(亡事)'임을 바로 눈앞에서 실감하고 있으니 원… 역사적으로 '비선 라인'이 나라를 망쳤다."[91]

이것만 보아도 최 원장의 신념과 사상이 시류(時流)를 따라가는 보신주의(補身主義)가 아니란 것을 알 수 있다.

좌파를 싫어하고 사회주의의 이념 정치를 싫어한다.

그리고 내 편이면 무조건 용서하는 연줄주의도 그에겐 용납되지 않는 정치와 행정의 원칙주의자인 것이다.

---

90) 굿모닝 충청. 2020.11.11.
91) 위의 글.

11. 장로 최재형

신촌장로교회

6월 27일 머니투데이 기사에는 최재형 원장의 주일 예배 참석을 지켜본 기자의 이야기가 실렸다.[92] 첫 문장으로 뽑은 글귀가 인상적이다.

"최 장로님이요? 그냥 동네 아저씨입니다. 언론에 나오기 전까지는 판사이셨던 것도 모르는 사람이 많았어요."

아마 기자는 일부러 최 원장을 만나기 위해 교회를 찾은 듯

---

92) 머니투데이. 2021.6.27.

했다. 좀처럼 개인적으로 모습을 드러내지 않으니 아침 일찍 서대문구에 있는 신촌장로교회의 예배에 참석한 것 같았다. 그러면서, "교회에서 만난 교인들에게 최재형 '장로'는 특별하지 않아서 특별했다."고 전언하고 있다.

너무나 당연한 이야기지만 듣는 우리 역시 교회 안에서는 너나없이 평범한 교회를 잘 모르는 기자의 관찰력이 새삼스럽다. 그러면서 다양한 연령대의 교인들이 말한 최재형 감사원장의 교회에서 모습은 '겸손'과 '소탈'로 요약된다고 알려주고 있다.

한 교회의 장로로서 섬긴다는 것은 개인은 물론 교인들의 가정의 입장에서도 대단히 자랑스러운 일이다. 오히려 아버지 최영섭 대령은 자녀들을 교회로 인도하였음에도 불구하고 장로직을 일부러 고사했다고 한다. 그 이유는 한 교회의 장로로 섬기는 일이 그 어떤 일보다 무겁고 막중한 일이기에 자신같이 부족한 사람은 장로를 맡을 자격이 없어 늘 담임 목사에게 물망에 오르는 것 자체를 반대했다고 한다. 당연히 존경받는 자리로서 늘 섬김으로 본을 보여야 하는 자리이다. 기자는 최 원장을 이해하는 핵심 키워드 중 하나가 '신앙'이라고 하면서 현재 유력 야권 대선후보로 부상한 지금도 그의 신앙 인격이 오늘의 신념과 철학을 낳았을 것이라고 미루어 짐작한다.

신앙인 여부를 떠나서 최 원장 같은 분들은 애초부터 권력에 대한 욕망과는 거리가 멀다. 주변의 이야기도 마찬가지이다.

기자는 27일 주일 예배의 설교까지 들었나보다. 뭔가 글을 써야하니 자세히 관찰을 하고 감상을 적어야겠지만, 아무튼 그는 교회에서 구약성서 느헤미야서에 대한 설교를 들었다고 알려준다.

기자는 예배 후에 최 원장을 만났고 대권 도전에 대하여 질문을 던졌다고 한다. 그러자 "더 고민해야 한다"는 답을 들었다고 한다. 2011년식 프리우스를 직접 운전하고 떠나는 모습으로 글을 마무리했다.

아무튼 최 원장의 현재 모습을 규정짓는 중요한 현재 포지션은 그가 한 교회의 시무장로라는 것이다. 이점은 윤석열 전 총장과 다른 점이다. 이전에도 우리는 장로 대통령을 뽑은 적이 있었다. 이승만 장로, 김영삼 장로, 이명박 장로. 그들은 교회의 중직인 장로로서 대통령직을 수행했던 분들이다.

한 교회의 장로가 되려면 적게는 100여 명의 신자들에서부터 많게는 수만 명의 신자들로부터 신망을 받아 직접 투표(70% 이상의 찬성)를 통해 선출되어야 한다. 지금 우리가 누리고 있는 민주적 절차의 정치시스템은 종교개혁자 칼빈이 제네바 개혁교회의 대의정치로부터 나왔다는 것을 알아야 한다. 교회는 이미 수 세기 전부터 민주화된 절차와 제도로 각급 개교회가 철저하게 자치형태로 운영이 되고 있다. 그 자치적 운영의 핵심에 당회가 있고 당회의 구성원이 장로이다.

들리는 소문에 의하면, 최 원장은 감사원장이라는 공직을 받는 날부터 시무장로직을 내어놓았다고 담임 목사가 말했단다. 혹여나 같은 교회 다니는 장로라는 이유로 공직사회의 감사를 맡아야 하는 최 원장 스스로가 청탁을 받을까 조심스러워서 그랬던 것이다.

신앙의 유산

최 원장이 교회의 장로로 봉사하게 된 것은 신앙을 유산으로 물려받았기 때문이다. 얼마 전 고인이 되신 최원장의 부친 최영섭 대령과 모친인 고(故) 정옥경 씨는 진해에서 서울로 이사를 오면서부터 동교동 인근에 있는 신촌장로교회에 출석했다고 한다. 최 원장이 출생한 고향은 경남 진해이지만 군인이었던 아버지를 따라 서울로 오게 되었고, 어려서부터 자연스럽게 신촌교회에 출석하며 유년시절 주일학교를 거쳐 학생회, 그리고 청년회를 거쳐 지금은 어엿한 장로가 된 것이다. 물론 최 원장의 아내도 권사다.

월간조선의 기사를 살펴보니 신촌장로교회의 남진희 담임목사의 인터뷰가 올라와 있다. 한 마디로 남 목사가 말하는 최재형 원장은 신앙과 행동이 일치하는 분이라는 것이다. 월간조선에서 남 목사는 이렇게 밝혔다.

"요즘 한국 교회 내에서 장로라고 하면 '덕스럽지 못하다'는 얘기가 많이 나옵니다. 장로가 어떤 계급처럼 일반 신도들과 다른 계층으로 여겨지는 경우가 있습니다. 저도 다른 교회에서 사회적으로 명망이 있는, 좋은 분들을 많이 만나봤습니다. 저는 그분들의 인품을 대부분 '학습된 겸손'에서 나온다고 생각했어요. 그에 비해 최재형 장로님은 참 보기 드문 분입니다."

'보기 드물다'는 이야기를 듣는 최 원장은 도대체 어떤 사람일까?

"최재형 장로님은 신앙이나 삶이 괴리되지 않아요. 항상 일치해요. 아름다운 사람이라 해도 가까이서 보면 흠이 보이잖아요? 근데 이분은 아니에요. 늘 한결같고 소탈해요. 이분은 자기만의 분명한 원칙이 있고, 그게 일관됩니다. 심지어 이런 생각도 했어요. '판사들이 다 이런 건가' 법관에게 이런 이야기 하면 좀 웃길 수 있지만 '이분은 법 없이도 살 수 있겠다' 하는 생각이 들어요."

장로교회에서 장로회는 국회라 생각하면 된다. 양원제를 실시하는 국가의 상원이라고 생각하면 된다. 그리고 집사회가 있는데 이것을 제직회라 한다. 제직회는 하원의 역할을 한다. 물론 전 교인이 참여하는 공동의회도 있다. 공동의회의 경우는 1

년에 한 번 정도 열린다. 교회의 가장 큰 문제를 표결할 때만 모이기 때문에 국민투표의 성격과 같다고 보면 된다. 해당 교회의 담임 목사가 장로를 극찬한다는 것은 쉬운 일이 아니다. 그래서 월간조선 기자는 도발적인 질문을 한다.

"구체적인 사례가 있습니까?"

그러자 담임목사는 한 가지 예를 들어 설명을 해 주었다.

"올해 초 우리 교회 집사님이 돌아가셨을 때 얘깁니다. 이 집사님은 변변찮은 직장도 없고, 가족도 몸이 안 좋은 아들만 있는 분이셨어요. 보셨다시피 우리 교회(신촌교회)는 굉장히 서민적인 교회입니다. 우리 교회에서 그 집사님께 잘 보인다고 어떤 이득을 얻을 게 아무것도 없어요. 그런데 최재형 장로님은 그분 장례에 오셨어요. 현직 감사원장이 장례에 오신 거죠. 이미 조화(弔花)를 보냈음에도요. 얼굴만 내밀고 가신 게 아니라 계속 자리를 지키셨어요. 장로님은 교회 내의 모든 경조사(慶弔事), 특히 조사엔 빠짐없이 다 참석하세요."

"장로라는 책임감에 그랬던 것 아닐까요?

"4년 전 얘기를 해드릴게요. 그때 최 장로님이랑 필리핀 선교를 갔어요. 필리핀 같은 곳에 선교를 가면 어린아이들이 정말 많이 몰려옵니다. 그럼 준비한 선물도 다 동이 나 아이들을 돌려보낼 수밖에 없어요. 그래서 장로님께 '포화 상태라 더는 안 될 것 같습니다. 내일 일정도 있고요'라고 말씀드렸더니 '애들이 얼마나 상처받고 돌아가겠나. 그냥 돌려보낼 수 없다'면서 준비해 간 바람개비를 나눠 주시더라고요."

'바람개비'

최 원장을 소개하는 다른 곳에서도 빠지지 않는 이야기가 선교현장에 봉사를 갔던 최 원장에 대한 이야기다. 지난 2016년 최재형 감사원장 교회는 필리핀으로 단기 선교 봉사를 갔다. 선교를 가보면 필요는 넘치는데 준비해간 것은 항상 부족하다. 아니나 다를까. 준비해간 학용품과 간식들이 다 떨어진 것이다. 이때 최 원장은 선교지의 아이들이 마음 상할까 봐 수업용으로 준비해간 바람개비를 만들어 상처받지 않게 했다는 것이다. 지금도 그때의 이야기를 하는 교우들이 많다고 한다. 최 원장의 인간적이며 진솔한 모습, 신앙인으로서 최선을 다하는 모습에 다들 감동을 받았다고 이야기한다. 필리핀 불라칸(Bulacan) 지역은 필리핀 안에서도 낙후된 곳이라 물도 전기도 제대로 갖추어지지 않아 불편하기 짝이 없었다. 당연히 호텔이나 민박도 할 수 없는 곳이다. 원주민들의 숙소에 거주하면서 60이 넘은 나이에 씻는 것도 자는 것도 개의치 않고 늘 솔선수범하면서 오히려 교우들을 챙겼다고 한다.

최 원장은 그런 신앙의 힘으로 평생을 살아온 것이다. 고등학교 내내, 서울대 재학시절 내내, 그리고 심지어는 사법연수원 시절 내내 한결같이 친구를 업고 다니며 끝까지 우정을 지킨 그의 모습은 '작은 예수'라는 별명이 부족하지 않다는 생각이 든다.

최재형 감사원장의 아버지는 최영섭 대령이다. 그리고 아버지 최영섭 대령의 두 동생도 각각 해병대 대령, 해군 부사관으로 근무하다 전역했다. 겉으로 보는 '감사원장 최재형'의 스펙은 소위 말하는 엘리트 코스의 연속이었다. '명문(名門)' 경기고와 서울대 법대를 졸업하고 사법연수원(13기) 수료 후, 줄곧 판사의 길을 걸었다. '엘리트 이미지'는 인간미와 거리가 멀다고 느끼는 게 사람들의 고정관념이다. 최재형 원장은 거기에 더해 '철저한 원칙주의자'라는 평가를 받는다. 이는 원전(原電) 감사를 놓고 일고 있는 정치권의 파상 공세에도 아랑곳하지 않는 그의 모습에서 어느 정도 확인이 됐다.

최영섭 집사

한국장로교회 장로들이 모여 만든 신문인 〈장로신문〉에 "그 아버지(최영섭 대령)에 그 아들 최재형 장로"라는 제목으로 최 원장의 아버지 이야기가 실렸다.[93] 다음은 그 기사 내용이다.

아흔세 살의 최영섭 예비역 해군대령(신촌교회 안수집사)은 1950년 해군사관학교를 졸업하고 임관한 지 4개월 만에 6·25전쟁을 겪었다. 전쟁 발발 하루만인 6월 26일 부산 동북쪽으로 기습 침투하던 북한 무장 선박을 격침했다. 북한군 최소 6백여 명이 승선했던 것으로 추정된 함정을 격침한 이 전투는 6·25전쟁 최초의 해전이자 승전이었다. 전쟁사(戰爭史) 학자들은 이 전투에 대해 부산항은 당시 한국에 군수 보급품과 증원 병력을 투입할 수 있는 유일한 항구로 무장 상륙군을 수장시킨 것은 전략적으로 결정적인 사건이라고 평가한다. 최 대령은 70년간 전장과 사회를 누비며 조국을 지켰다. 임관 직후엔 우리나라 최초의 전투함인 백두산함 갑판사관 겸 항해사·포술사로 활약했다. 나라에 돈이 없으니 해군 장병이 월급을 내고 해군 가족들이 바자와 뜨개질로 돈을 벌어 미국에서 사온 전투함이 백두산함이다.

---

93) 한국장로신문 2021년 3월 2일.

최 대령은 지난 70년의 소회를 묻자 "온 국민의 힘으로 지켜낸 나라를 지켜나가야 한다"고 했다. 그는 6·25전쟁 당시 아무 준비도 없었던 우리나라를 지킬 수 있었던 건 온 국민이 합심했기 때문이라며 "소년병과 여성, 50대 지게부대가 합심해 전 국민이 힘을 합쳤다"고 했다. 최 대령은 최근 우한 코로나 사태에 대해서도 "지금은 온 나라가 병 때문에 어려운 전례 없는 국난의 시기"라며 "온 국민이 나서야 국난이 해결될 것"이라고 했다. 최 대령은 금성충무무공훈장 등 무공훈장 4개를 받고 1968년 전역한 뒤 안보 강연을 다니며 전사자 유족찾기운동 등을 펼쳤다. 6·25전쟁 당시 장사 상륙작전에 투입됐다가 숨진 11명의 문산호 민간인 선장과 선원 명단을 찾고 이들의 공을 재조명하는 데 큰 역할을 했다. 최 대령은 민간인이지만 나라를 지키려 참전했던 그런 사람들을 기려야 하는 건 당연하다고 했다. 그는 국민 행복의 울타리는 국가라며 "6·25전쟁 71주년을 맞아 우리 국민은 그 점을 되새겨야 한다"고 했다. 그는 "인도의 타고르 시인은 한국이 동방의 등불이라고 했지만, 힘이 없으면 또 곤경을 유발한다고 했다"며 "이런 것을 우리 국민이 아는 게 늙은이의 마지막 소원"이라고 했다. 1950년 2월 25일 최 대령과 함께 임관한 해사 3기 54명 중 생존 용사는 9명이다.

얼마 전 해군참모총장은 동기생 회장인 최 대령에게 축전을 보냈다. 해군 총장은 "선배님들은 나라가 풍전등화 같은 위기에 처했을 때 최일선에서 목숨을 바쳐 적과 맞서 싸웠으며 자랑스러운 해군의 전통을 이어가며 대한민국 발전을 이끄는 역군으로 활약하셨다"며 "선배님들의 이러한 희생과 헌신에 대한민국은 지금까지의 번영을 이룰 수 있었다"고 했다. 최 대령은 병원에 입원 중이거나 거동이 어려운 동기생들에게 축전을 직접 전달했다고 했다. 최 대령은 아들 넷을 장교로 복무시켰다. 그의 둘째 아들이 감사원장 최재형 장로(신촌교회)다. 최 장로는 고등학교 때는 소아마비 동급생을 3년씩이나 등에 업고 등교했고 사법연수원 때도 동창을 업고 출퇴근했다고 한다. 이와 같은 그에 대한 선행 일화는 우리를 감동케 한다. 한마디로 '그 아버지에 그 아들'이다.

우리 주변엔 나라를 움직인다는 사람들이 대개 이기주의자들이요, 정의감이 없는 자들이요, 애국의 혼이 없는 자요, 비겁한 자요, 부도덕한 자들이다. 나라가 점점 기울어 간다. 이럴 때일 수록 최영섭 대령 부자를 반면교사로 삼아 정의가 강물처럼 흘러넘치는 나라를 만들어 보자!

13. 아버지 최재형

생육하고 번성하는 일

성경을 믿고 실천하는 기독교인들이라면 최고의 가치로 여기는 것이 자녀의 생산이고 최선을 다하는 교육일 것이다. 그 이유는 성경 「창세기」 1장 28절[94]이 이것을 명령하고 있기 때문이다. 하지만 지금 세상, 특히 대한민국은 그 반대로 가고 있다.

영국 옥스퍼드대학교 인구연구센터 소장 데이비드 콜만 박사는 2006년 10월 터키 이스탄불에서 열린 인구포럼에서 '코리아 신드롬'이란 말을 처음 사용했다. 그는 지구촌에서 사라질

---

94) 하나님이 그들에게 복을 주시며 하나님이 그들에게 이르시되 생육하고 번성하여 땅에 충만하라, 땅을 정복하라, 바다의 물고기와 하늘의 새와 땅에 움직이는 모든 생물을 다스리라 하시니라 (창세기 1:28)

위기에 처한 인구 소멸 1호 국가로 대한민국을 꼽았기 때문이다. 유엔 미래보고서는 2100년 한국 인구가 현재의 절반으로 줄어 결국 2700년에는 한국인이 지구상에서 사라질 수도 있다는 비극적인 예상까지 덧붙인 것이다. 그래서 한국교회 여기저기서 앞장서서 저출산 문제를 해소해야 한다는 목소리가 일어나고 있다.

성경은 인간에게 주신 첫 번째 명령이 생육하고 번성해야 한다고 말한다. 지금도 성경 말씀을 그대로 믿고 순종하는 정통파 유대인들은 7~8명의 자녀를 낳는다고 한다. 성경적 가치관이요 철학은 결혼과 자녀 출산은 하나님의 명령이요 축복이다. 믿음의 가정에서 자녀를 많이 낳아 믿음으로 키우는 것보다 더 좋은 방법은 없다는 것이 말씀을 전하는 목사들의 이구동성이다.

좀 더 적극적인 목사들은 자녀 출산을 방해하고, 가정을 파괴하려는 어젠다는 사탄의 전략이라고까지 말한다. 이는 하나님의 창조 질서를 깨고, 자녀 출산을 불가능하게 하는 동성애로 나타나고 있다는 것이다. 자녀를 낳지 않는 풍토, 높은 이혼율은 교회가 앞장서서 막아야 할 잘못된 사상이라는 것이다. 그래서 지금 한국의 교회가 구한말 때나 일제강점기 때나 6·25 전쟁 때처럼 다시 한번 민족의 희망이 되어야 한다고 외친다. 하나님의 말씀에 순종하여 생육하고 번성하며, 이 땅을 충만케 하는 일에 헌신해야 한다고 늘 가르침을 받는 신자들은 자녀

생산과 아름다운 교육을 통하여 세상을 향해 선한 영향력을 끼쳐야 한다고 믿고 실천하고 있다. 하지만 이 일은 십자가를 지는 것만큼이나 결코 쉬운 일은 아니다.

그런데 최재형 원장이 많은 사람들에게 회자되면서 새롭게 알게 된 놀라운 가정사가 있다. 오십이 다 된 나이에 딸 둘을 잘 키우고 난 뒤, 새롭게 두 아들을 '입양'한 것이다. 우리는 이렇게 하는 것이 얼마나 고귀한 일인지 잘 안다. 입양이 말은 쉬워도 실천하기는 너무나도 어렵다. 우리의 역사와 현실이 그렇게 만들었다. 남아선호 사상과 핏줄을 중히 여기는 유교사상 때문이다. 이 때문에 얼마나 많은 우리나라의 아기들이 해외로 입양되었는지 모른다. 해외입양 문제는 우리나라의 자존심에 먹칠을 한다. 그뿐인가 최근 입양아를 학대하거나 본의 아니게 살해하여 국민들의 공분을 사는 이야기도 입양이 드라마에 나오는 이야기처럼 그리 쉽게 행할 수 있는 기행(奇行)이 아님을 보여준다. 그렇다고 그것을 선행중 하나라고 말하기도 정말 표현하기 힘든 그 무엇이 있다.

최 원장의 가장 절친한 친구라고 말할 수 있는 강명훈 변호사가 월간조선 기자에게 당부한 말이 있다.

"기자님! 최재형 원장을 말할 때는 꼭 기독교와 관련해 꼭 얘기해주시면 좋겠습니다,"

"그게 무엇입니까, 변호사님?"

"최 원장 부부는 정녕 천사입니다. 그분들은 감당하기 힘든 나이인 오십대에 들어 두 아들을 입양했습니다."

이미 청소년기에 누군가에게 지팡이가 되고자 했던 그 아름다운 선행이 삼십 년 세월이 흘러 이번엔 두 아들의 입양으로 나타났다는 것이다.

수신제가치국평천하(修身齊家治國平天下)

국민적 공분을 샀던 인물 조국이 법무부 장관 후보자 청문회에서 했던 말이 생각난다.

"수신제가치국평천하(修身齊家治國平天下·몸과 마음을 닦아 수양하고 집안을 가지런하게 하며 나라를 다스리고 천하를 평정함)에서 제가 '제가(齊家·집안을 다스림)'를 잘 못했다는 부분을 인정합니다."

2019년 9월 2일 국회 청문회장에서 한 말이다. 이어 오후에 열린 국회 본청의 열린 기자간담회에서도 "사모펀드 관련 제가 전혀 몰랐다는 점을 몇 번 말씀드렸고 처남이 코링크PE(프라이빗에쿼티)의 지분 0.99%을 가졌다는 것을 이번에 알게 된 것도 분명한 사실"이라며 "가장으로서 아버지로서 부족했다고 인정한다"며 "앞으로 제 가족이든 주변이든 세심히 치밀히 살피겠다"고 말했다.

전혀 양심이라곤 없을 것 같은 인사의 입에서 수신제가치국평천하라는 고사성어가 나왔다는 것이 참 아이러니했다. 유교 경전인 사서(四書) 중 하나인 『대학(大學)』에 나오는 이 말이 오늘처럼 중요한 때는 없었다고 여겨진다.

『대학』의 내용(內容)은 명명덕(明明德: 밝은 덕을 밝히는 일)·신민(新民: 백성을 새롭게 하는 일)·지어지선(止於至善: 지극한 선에 머무르는 일)의 3강령(三綱領)과 격물(格物)·치지(致知)·성의(誠意)·정심(正心)·수신(修身)·제가(齊家)·치국(治國)·평천하(平天下)의 8조목(八條目)으로 정리된다. 8조목을 풀이하면 다음과 같다.

최재형 감사원장 가족사진. [한국입양홍보회 홈페이지 캡처]

"사물의 이치가 이른[格物(격물)] 뒤에 아는 것이 지극해지고[致知(치지)], 아는 것이 지극해진 뒤에 뜻이 성실해지고[誠意(성의)], 뜻이 성실해진 뒤에 마음이 바르게 되고[正心(정심)], 마음이 바르게 된 뒤에 몸이 닦여지고[修身(수신)], 몸이 닦여진 뒤에 집안이 가지런해지고[齊家(제가)], 집안이 가지런해진 뒤에 나라가 다스려지고[治國(치국)], 나라가 다스려진 뒤에 천하가 화평해진다[平天下(평천하)]."

앞서 '격물·치지·성의·정심'은 개인이 내면을 잘 다스려 올바른 심성을 갖출 수 있도록 수양하는 단계라면, 거기서 나아가 좋은 영향력을 남에게, 가정에, 세상에까지 미칠 수 있도록 하는 단계가 '수신제가치국평천하'라고 볼 수 있다.

이처럼 '수신제가치국평천하'는 유교에서 강조하는 '수기치인(修己治人)'의 구체적 내용으로, 스스로 수양하여 인성을 갖춘 이가 가정을 잘 다스리면 그 나라 또한 평안하고 나아가 온 세상이 태평할 수 있다는 말이다.[95]

그런데 최재형 원장이야말로 '수신제가(修身齊家)'에서 더 나아가 교회까지 잘 섬기고 있으니 그에게 나라의 경영인 치국과 외교 안보의 문제인 평천하까지 맡겨보면 어떨까 하는 생각이

---

95) 출처: 두산종합백과사전.

든다.

최근 최 원장이 2021년 1월 28일 감사원장을 사퇴하고 2021년 7월 15일 국민의힘에 전격적인 입당을 하였습니다. 이렇게 되면 분위기가 더욱 급속히 최 원장을 중심으로 형성될 것이라는 관측이 나온다. 윤 전 총장은 국민의힘과 거리를 두며 입당 여부를 장고(長考) 중인 것과는 차별이 된다. 더더구나 이미 대선 주자로 거론되고 있는 윤 전 총장과는 차이가 나도 너무 차이가 나는 부분이 '가화만사성(家和萬事成)'이고 '수신제가'이다.

최재형 원장의 조부(祖父)

최재형 원장의 부친인 고(故) 최영섭 대령은 최 원장의 장남 영진 씨와 함께 2016년 6월 28일 부산 사직야구장에서 열린 프로야구경기에 시구자와 시타자로 나서기도 했다. 해군과 롯데자이언츠가 진행한 '호국·보훈의 달' 이벤트에 당시 현역 해군 병사이던 영진 씨와 할아버지 최 대령을 초대한 것이었다. 최 대령은 작고하기 직전 "어느덧 장성한 손자들이 나를 많이 좋아한다. 얼마 전 군에 입대한 작은손자가 기특하게도 사탕을 잔뜩 사왔다"면서 손자에 대한 애정을 표현하기도 했다.

고 최영섭 대령의 부친은 일제 강점기 당시 춘천고에서 항일 독립운동의 불을 지폈던 최병규옹이다. 춘천고 제1회 졸업생인 최병규 옹은 일제 강점기인 1926년 4월 25일 조선의 마지막 왕인 순종이 서거하자 당시 3학년 학생의 신분으로 전교생들에게 '순종 서거 애도 상장(喪章) 달기'를 주도하며 춘천고 항일 독립운동을 시작했다.

고인(최 원장의 조부)은 상장 달기 운동으로 인해 일본 경찰에 끌려가 곤욕을 치렀으면서도, 한국인을 멸시하는 일본인 교사에 항의해 같은 해 10월 4일 춘천고 동맹휴학을 다시 주도했다.

이로 인해 고인은 졸업을 앞두고 퇴학 처분과 함께 고향인 강원도 평강군 고산면으로 거주지를 제한하는, 3년간의 거주지 제한형을 받기도 했다. 그러나 고인은 만주로 건너가 조선거류민회장을 맡아 독립자금 확보와 전달 등의 역할을 담당하며 1945년 8월 조국이 해방되기까지 20여 년 동안 독립운동을 전개했다. 한마디로 말해 집안 전체가 미담으로 가득한 것이다. 최 원장의 조부는 여러 가지 많은 공로로 인하여 국가에서 표창 수여를 추진했으나, 본인은 적극 사양했다고 한다. "왜 나만 그 상을 받어. 일제 때 나라 없는 백성이 나라 찾는 일 한 것이 상받을 일인가?"라고 하며 끝까지 표창장 추서를 거부했다고 한다.

최재형 원장의 일련의 미담은 바로 이런 집안 전체에 흐르는 내력이라는 것을 알 수 있다. 최 원장의 조부는 십몇 년 전 99세의 일기로 소천하셨는데, 지난 7월 작고하신 부친 고 최영섭 대령의 나이가 향년 93세인 것을 보면 집안이 장수 집안인 것을 알 수 있다.

14. 정치인 <u>최재형</u>

PK대망론

윤석열에 '충청 대망론'이 있다면 최재형에겐 'PK 대망론'이 있다. 6월 23일 한 신문을 장식했던 헤드라인이었다. 이야기인 즉슨 PK 전·현직 의원들이 최 원장을 지지하며 출마 명분 쌓기에 나섰다는 그런 기사였다.[96]

최재형 감사원장이 야권의 제3후보로 급격하게 부상하면서 이제부터는 원하든 원하지 않든 정치인 최재형으로서의 길을 가야 한다. 이미 대선 출마를 선언하고 국민의힘에 전격 입당함으로써 그를 지지하는 많은 인재들이 최 원장을 중심으로 모이고 있습니다. 최근 X파일 문제로 공격받고 있으며, 장모와

---

96) 뉴시스. 배성규 기자. 2021.06.23.

배우자 문제로 높았던 지지율이 하락 추세에 있는 윤석열 전 검찰총장의 지지율이 15% 이하로 내려앉을 경우 그 대안으로 유력하게 거론되는 상황이라는 것이 뉴시스의 기사이다. 7월 부친의 장례식(삼우제)을 모두 마친 뒤 "자신은 윤 전 총장의 대체재가 아니라 나 자신으로서 평가받고 싶다"고 밝힌 것을 보면, 확실히 윤 전 총장과의 차별화 전략을 구사하면서 후발 주자이지만 외곽 조직의 지원 속에서 당내 입지를 선점하며 지지율을 끌어올리겠다는 의지를 확인할 수 있다.

그런데 최 원장의 최대 지원 세력이 부산·울산·경남의 전·현직 의원 그룹이라고 한다. 가장 관심을 보이는 지역이 경남 진해라고 하는데, 이것은 출생지이기 때문이라 여겨진다. 바라는 바는 아니지만 지역적 요인이 작용하는 것으로 보인다. 특히 최영섭 대령이 우리 해군 최초의 전투함인 백두산호를 타고 6·25 당시 부산 앞바다인 대한해협 해전에서 승전을 한 일로 인해 그의 자제인 최 원장의 대선 출마에 대해 이 지역이 상당히 고무되어 있다는 소식이 여러 경로로 전해지고 있다. 그리고 강원도에서 도지지 모임들이 만들어지고 있다고 한다. 그 이유는 최영섭 예비역 대령의 고향이 지금은 북한 땅이 된 강원도 평강이기 때문이다. 한국 정치에 있어서 간과할 수 없는 지역이 '부·울·경'이라는 점에서 볼 때, 이러한 지역적 요인은 최 원장의 출마와 지지도에 많은 영향을 끼칠 것으로 보인다.

PK(부·울·경)는 전략적으로 인구가 많을 뿐 아니라 스윙보터의 성격도 있기 때문이다. PK에서 최소한 30~40%를 득표하지 않으면 대선에서 이기기 힘들다는 이야기가 그래서 나온다. 그래서 PK 표심을 잡는 사람이 대선에서 이긴다는 'PK 필승론'도 있다. 김영삼·노무현 전 대통령과 문재인 대통령도 PK 출신이고, 부산을 거쳐 경북 안강에 자리를 잡은 이명박 대통령도 부·울·경과의 관계가 없다고 할 수 없다. 부·울·경이 지지기반 측면에서 상당히 유리하다는 것은 부인할 수 없는 사실인 것이다.

반면, 윤석열 전 총장은 부친이 충남 공주 출신이라 충청 대망론의 주자가 된다. 반기문 전 총장에 이어 다시 한번 충청도 출신이 대선에 도전한다는 점에서 충청 지역의 기대감이 적지 않다.[97]

최 원장 본인이 직접적으로 출마를 선언하면서 이 지역에서의 판도가 바뀔 것이라는 것은 불을 보듯 뻔하다. 최 원장을 직접 만나 대선 출마를 권한 것으로 알려진 정의화 전 국회의장

---

[97] 야권에선 "윤석열 전 총장에게 충청 대망론이 작용하고 있다면, 최 원장에 겐 다시 한번 'PK(부·울·경) 대통령'을 만들어 보자는 기대감이 있다"는 말이 나온다. 충청 대망론이냐 PK 대망론이냐 라는 것이다. 이준석 국민의 힘 대표가 36세의 나이와 '0선'이라는 핸디캡을 딛고 당대표 선거에서 이긴 데에는 "이준석이 대구·경북(TK)의 아들"이라는 TK 지역 지지층의 기대감이 크게 작용했다. 이 대표의 부친과 모친 모두 대구 경북 출신이기 때문이다. 한국 정치에서 지역 기반은 그만큼 중요한 요소다. 뉴시스. 배성규. 2021.06.23.

도 부산 출신으로 여러모로 영향을 끼칠 것으로 본다. 윤 전 총장이 대선 출마를 선언하고 최원장의 지지율이 상승세를 탈 경우 국민의힘 안에 포진해 있는 부·울·경 의원들이 최 원장을 중심으로 빠른 속도로 결집할 수도 있다는 전망이 나온다.

그런데 뜬금없이 김종인 전 국민의힘 비대위원장은 "최 원장이 대통령이 되면 임기 5년 중 2년만 하고 2024년 총선에서 내각제를 도입하는 개헌을 검토할 가능성이 있다"고 했는데 이에 대한 반발이 심하게 나타났다. 그러자 이내 쏙 들어가고 말았다.[98]

아무튼, 야권에선 최 원장이 윤 전 총장에 비해 보수층 내부의 거부감이 적다는 평가가 나오는 것만은 분명하다. 반면 윤 전 총장은 박근혜·이명박 정부에 대한 적폐 수사를 주도했기 때문에 결국엔 친박과 강성 보수층의 거부감이 일반 국민들에게까지 퍼질 것으로 보고 있다.

---

98) 김 전 위원장은 "최 원장은 권력에 대한 집착이 없고 부친으로부터 '국가에 충성하라'는 얘기를 많이 들었다고 한다"면서 "자신의 임기를 포기하는 개헌을 검토 중이라는 얘기를 간접적으로 들었는데 윤 전 총장에겐 그런 생각이 있는지 기대하기 어렵다"고 했다. 김 전 위원장은 그동안 '대통령 임기 단축, 내각제 개헌'을 주장해 왔는데, 최 원장이 그에 부합하는 인물이라는 기대감을 비친 것이다. 〈뉴시스〉 배성규 기자. 2021.06.23.

제2의 이회창인가, 김황식인가

정치인 최재형의 이름이 거론되면서 대망론[99]이 나오기도 했지만, 과거 물망에 올랐다가 아쉽게 낙마한 이회창 감사원장 김황식 총리처럼 될 것이란 비토도 나오고 있다. 그만큼 정치인의 길은 지지자와 비토자가 많은 길이다. 구윤성 기자는 신율 명지대 정치외교학과 교수와의 인터뷰를 실으면서 다음과 같이 전한다.

"최 원장이 윤 전 총장보다 보수에 더 먹힌다. 아버지가 인천상륙작전의 영웅이라 보수의 90%를 먹고 들어간다."[100] 기자는 최 원장의 부친이 최영섭 예비역 해군 대령인 점을 언급한 것이라고 분석했다. 특히 신 교수는 "'미스터 클린' 이미지는 중도에게 먹힌다. 친이·친박에게서 호불호도 없고, 문재인 정권에 대항한 이미지로 반문(反文)까지 흡수한다"[101]며 최 원장의 확장력을 높게 봤다고 말했다.

---

99) 국민의힘 수도권 한 초선 의원은 "윤 전 총장이 입당을 머뭇거리며 피로감을 준 게 사실"이라며 "입당을 먼저 결단만 한다면 지지세가 뚜렷해질 것이다. 최 원장을 중심으로 결집할 수 있다"고 말했다. 최 원장으로서는 조기 입당으로 차별화하는 것이 전략적으로 나쁘지 않은 선택이다.

100) 〈뉴스1〉 구윤성. 2021.06.25.

101) 〈뉴스1〉 구윤성. 2021.06.25.

하지만 비토하는 그룹도 서서히 드러나고 있다. 최 원장을 두고 이회창 전 한나라당(국민의힘 전신) 총재를 떠올리게 만드는 일종의 '프레임 씌우기'를 하고 있는 것이다.

구윤성 기자는 국민의힘 핵심 관계자의 말을 인용하며, "최 원장을 대선에서 두 번이나 미끄러진 이 전 총재와 비교하는 것은 더불어민주당의 프레임"이라며 "최 원장을 '이회창의 아류' 정도로 만들려는 것"이라고 분석하기도 했다.[102]

탕정구국(蕩定救國)

최재민 원장, 그는 최재형 원장의 동생이다. 현재 서울 양재동에서 소아과를 운영한다. 동생이 생각하는 형은 어떤 모습일까. 모 신문에 난 기사를 보니, 최재민 원장은 형의 생일을 축하하며 '미션(mission·사명)'을 기억하라고 문자를 보냈다고 했다. 그 문자를 보낸 이유에 대해서 "형이 감사원장으로서, 지금 국가 현안을 다루고 있는데 그게 형에게 부여된 미션이죠. 그 미

---

102) "원칙주의자라는 점 말고는 비슷한 부분이 전혀 없다. 이 전 총재가 차가운 원칙주의자라면 최 원장은 따뜻한 원칙주의자"라며 "최 원장이 만일 국민의힘 입당과 대선 출마를 결심한다면 그를 도울 사람은 지천이다. 살아온 인생도 노블레스 오블리주 자체이기 때문에 당 의원들의 지원을 받을 가능성이 크다"라고 말했다. 뉴스1. 구윤성. 2021.6.25

션을 사심(私心) 없이, 무엇이 최선인지 국민의 입장에서 현명히 판단해달라는 당부를 담은 겁니다. 이런 간단한 메시지 외에는 형과 전화통화도 안 합니다. 혹시라도 불이익이 갈까 봐요."[103]

그 메시지를 보낸 이유에 대해서는 이렇게 설명했다.

"마르틴 루터가 종교개혁을 했잖아요. 신성로마제국 황제 카를5세가 마르틴 루터를 만나자고 했어요. 황제가 루터에게 (종교개혁에 관한) 신념을 버릴 것을 종용하려고 부른 거죠. 황제는 하루의 시간을 더 줍니다. 다음 날 루터는 황제 앞에서 '하나님 제가 교황 앞에 서 있지만, 저는 하나님의 진리를 배반할 수 없습니다. 제가 여기 서 있겠으니 하나님이 알아서 해주십시오. 육신은 저 사람(교황)에게 있지만, 제 마음은 하나님 앞에 서 있습니다. 저를 살펴주십시오(Here I stand, help me, God!)'라고 부르짖은 겁니다. 즉 진리를 아니라고 말할 수 없다는, 배반하지 않겠다는 마르틴 루터의 고백을 형에게 보낸 것입니다."[104]

---

103) 최재민 원장은 국회 출석을 앞두고 있는 형에게 보낸 문자 메시지도 언론에 노출했다. 동생이 보낸 메시지 속엔 마르틴 루터(Martin Luther:1483~1546)가 했다는 'Here I stand, help me God'이라는 말이 씌어있었다.

104) 〈월간조선〉 2020.09.19. 마르틴 루터가 종교개혁을 일으킨 시기는 교황 레오 10세는 베드로 대성당을 짓기 위해 1506년 일괄 면죄부를 대량세일에 나섰던 때이다. 그들은 이렇게 선전했다. "단순히 면죄부를 산 사람만의 죄가 아니라 그의 부모 친지의 영혼조차 면죄부를 산 돈이 금고에 떨어져 짤랑거리는 소리와 함께 연옥으로부터 튀어나온다." 또 이렇게 신자들

〈월간조선〉은 또 다른 이야기도 전해준다. 부친인 고 최영섭 대령이 최재형 원장에게 네 개의 사자성어를 써주었다는 것이다. 그 네 개는. '단기출진(單騎出陣)', '불면고전(不免苦戰)', '천우신조(天佑神助)', '탕정구국(蕩定救國)'이다.

아버지와 아들 사이에 필담으로 마음과 생각을 전하는 것은 아무 집에서나 흔한 일은 아닐 것이다. 그만큼 부자간에 친함이 있다는 뜻이요. 아버지의 생각과 뜻이 아들에게 잘 전달되고 있다는 의미가 될 것이다. 사자성어의 뜻을 정리해보면 〈단기출진(單騎出陣) 즉 스스로 혼자 진지를 박차고 나가면, 불면고전(不免苦戰) 고전을 면치 못하는 상황이 올 수도 있다. 그럴 때 천우신조(天佑神助), 즉 하늘의 하나님의 도움이 필요한데. 그분의 도움으로 탕정구국(蕩定救國). 즉 나라를 평안하게 하고 구할 수

을 속였다. "면죄부를 사는 순간 그만한 교회의 영적인 은혜를 얻기 때문에 자기 죄를 회개할 필요가 없다." 뿐만 아니라 "이미 죽은 사람을 위해서도 면죄부를 살 수 있으며 이때도 고해성사나 회개의 필요가 없이 오직 돈만을 가지고 오면 연옥의 영혼이 구제받을 수 있다." 이 같은 불의를 보다 못한 마르틴 루터는 이에 항의하며 95개 조 반박문을 비텐베르크 대학 성당의 문에 내걸고 마침내 종교개혁의 불꽃을 피워 올렸다. 그러나 그에게 닥친 것은 살해의 위협과 파문, 이때 그는 제 마음은 하나님 앞에 서 있습니다. 저를 살펴주십시오(Here I stand, help me, God!)'라고 부르짖은 것이다. 이 글이 의미하는 바가 무엇이겠는가. 형이나 동생 모두 사람을 두려워하거나 무서워하지 말고 하나님 앞에 당당하고 두려움 없는 역사에 남을 이야기를 하라는 것 아니었겠는가. (저자 주)

있다는 뜻이리라.[105]

일각에선 "최 원장이 야권 주목을 받게 된 계기는 이회창 전 총재와 판박이"라면서도 "대중적 인지도를 갖추지 못했다는 점에선 김황식 전 총리에 가깝다"고 평가 절하한다. 이 말도 크게 틀린 말은 아니다. 하지만 현재 선두를 달리고 있는 윤 전 총장과 쌍벽을 이루게 되면 야권으로선 컨벤션효과로 인해 상당히 흥행에 도움이 될 것은 사실이다. 최 원장이 문재인 정부의 월성 원전 1호기 경제성 조작 의혹 감사를 추진하면서 급부상한 것은 그만큼 국민의 열망에 부응한다는 것이기 때문에 '법과 원칙의 대명사 최재형 감사원장을 사랑하는 그룹'이 활동하기 시작하면서 서서히 인지도가 높아지고 있다고 생각된다.

정권교체의 불씨가 되기를

2021년 6월 말 감사원장 사의 표명한 이후 최 원장은 급격

---

105) 많은 분들이 최재형 원장의 사상과 철학을 염려하며, 혹여라도 의심 가는 판결을 통한 미심쩍은 부분이 있다 하더라도 그 아버지 최영섭 대령의 사상과 철학과 용기를 믿는다면 정말 최재형 원장을 의심할 필요가 없다고 생각이 든다. 물론 판단은 각자의 몫이겠지만 적어도 아직도 정정하게 살아계신 아버지를 두고 있는 이상, 그가 섣부른 행동을 하거나 나라와 국민들에게 누가 될 어떤 행동도 하지 않을 것이란 사실은 인정해야 할 것 같다.(저자 주)

히 야권의 대선주자로 떠오르고 있다. 이렇게 최재형 감사원장의 발걸음이 빨라지면서 여권 내 '최재형 때리기'가 가열되고 있다. 더불어민주당에선 최 원장이 내년 1월까지인 임기를 채우지 않고 중도사퇴한 것과 관련해 "정치적 중립을 위반했다"며 연일 비판의 목소리를 높이고 있다.

더불어민주당은 그의 사퇴 이야기가 기정사실화되자마자 6월 27일 이용빈 대변인 명의로 낸 서면 브리핑을 내 보냈다.

> "감사원장 자리는 대선 출마를 위해 스펙 쌓는 자리가 아니다. 감사원장직을 발판으로 대선에 나선다면, 국민이 세워놓은 '정치적 중립'의 공적 가치를 훼손하는 것이다. 만약 최 원장이 대통령 출마를 목적으로 감사원장직을 이용했다면 사퇴로 해결될 문제가 아니라, 탄핵돼야할 대상이다."

매우 날선 비판을 한 것인데, 이것은 그만큼 최 원장의 중량감이 적지 않다는 반증이다. 반문 친여 인사인 이재명 외에는 딱히 내세울 만한 대선주자가 없는 마당에서 윤석열 전 총장만으로도 버거운데 정치신인이지만 폭발력을 알 수 없는 최 원장까지 등판한다고 하니 좌불안석인 것만은 틀림없다. 사실 야권에서는 여러 유력 주자들의 경선을 보면서 느긋하게 즐길 수 있다는 것도 새로운 관전 포인트가 아닐까 한다. 결국 송영길 대표도 연합뉴스TV에 출연해 한마디 했다.

"이 정부에서 임명된 분이 현직 상태에서 출마하는 건 감사원법 위반이다. 임기도 안 끝났는데 중간에 사표를 내고 야권 대선후보로 나온다면 그동안의 활동과 모든 순수성의 빛이 바래고 오해를 살 것이다."

말은 구구절절이 맞다. 하지만 이념을 앞세워 국정을 무너뜨리는 행위를 하며 감사원장의 고유한 임무를 방해하고 심지어 탄핵까지 운운한 것은 현 정부·여당의 실책인 것만은 사실이다. 당리당략을 떠나 안전한 국가의 안보, 평안한 국민의 삶, 국가의 이익만을 생각하는 당과 청와대였다면 결코 최 원장은 사표를 쓰지 않았을 것이다. 物極必反(물극필반)이라는 맞이, 오늘 이 국가의 정치 현실을 바로 표현하고 있다고 본다. 치솟는 국제사회의 물가는 그렇다치고, 위진자는 부동산 전도사로 국가는 조세 전도사로 부동산 폭등과 조세 폭리로 국민의 삶을 흔들고 있다.

모든 정치 논리가 불공정의 합리화로 정부와 국민은 물질로서 만 극에이르는 대립의 각을 세우게 된 것이다.

오히려 정부 여당의 행태는 대선에 등판하라고 등 떠민 꼴이 되었다. 이 모든 것은 가치가 다르고 이념이 다르고, 결국 철학이 다르기 때문이다. 이미 돌아올 수 없는 강을 모두 건넌 것이다.

3부

최재형의
철학을 만들라

15. 최재형의 세계관

세계관이란 무엇인가

"세계관(世界觀, worldview)이란 한 사람이 사물들에 대해서 가지고 있는 기본적 신념들의 포괄적인 틀이다."[106] 사람으로 태어나 사물을 인식하며 살아감에 있어 모든 사람들은 학습에 의해서, 그리고 관찰과 이해에 의해서 저마다 세상에 대한 관점을 가진다. 한 사람이 만들어 내는 역사는 그 사람이 가진 세계관의 열매라고 할 수 있다.

그러면 기독교 세계관이란 무엇인가? 본질적으로 들어가면 모든 세계관에는 보이지 않는 영원과 피안의 세계까지 포함한다. 그래서 세계관은 필연적으로 종교적 경험을 포함한다고 할

---

106) Walter Wink, 1935~2012.

수 있다. 그러므로 기독교인만이 가진 세계관이 있을 수 있는데, 특히 그 관점을 제공하는 성경을 통해 이 세계를 바라보게 하는 것이 기독교적 세계관이라 할 것이다. 종교적으로 보면크게 유신론적 세계관과 무신론적 세계관이 있을 것이다. 물론유신론적 세계관 안에도 유일신론, 다신론, 범신론, 이신론 등다양한 신관이 있을 수 있다. 하지만 유신론적 측면에서 볼 때가장 반대편에 있는 세계관은 유물론적 세계관이다. 유물론적세계관은 자연 진화의 원리가 사회와 국가의 체제까지 진화했다는 이론에서 나온 것으로 고대에도 비슷한 사상은 있었지만칼 마르크스가 쓰고 앵겔스가 편집한 자본론에서 최초로 주장되었다. 그래서 자본론을 유물론의 바이블이라고 하는 것이다.

만약 어떤 그리스도인이 있다면 그는 자신의 존재뿐 아니라이 세계와 그 과정에 대해서도 깊이 생각하고 바르게 반응해야하는 일이 책무로 남는다. 그리스도인은 자신이 이전에 어떤존재였으며, 그리스도인이 된 후에 어떤 사람이 되었으며, 하나님과 세계와 자신들과 다른 사람들과 다른 피조물들에 대해 어떤 관계를 유지하고 어떻게 해야 하는지를 깊이 생각해야 하도록 성경으로부터 종용받고 있기 때문이다. 그러므로 기독교 세계관을 이해하려는 노력은 이 세계에 대한 하나님의 진리를 바로 알고 드러내려는 노력의 일환으로 본다.

기독교적 세계관의 입장에서 보자면, 이 세상에서 제대로 된 기독인이라면 자신의 삶에서 기독교적 세계관을 명확히 드러내며 표현해야 한다. 왜냐하면 기독교 사상의 영향력은 기업, 정치, 문학, 예술, 학문, 교육, 가정 등 우리의 삶 전체의 도덕적 성격과 그리고 온 세상의 모든 부분에까지 미칠 수 있어야 하기 때문이다.

이것은 유물론자나 사회주의자의 삶에서도 마찬가지로 드러나고 있다. 그들은 역사 발전이 필연적인 것으로 보며, 혁명이란 방법으로 세상을 바꿀 것을 도전받고 있다. 그래서 이 두 세계관은 삶의 모든 부분에서 부딪힌다.

정치와 종교

앞서도 말했지만 기독교적 세계관의 실천은 그리스도인의 사명이다. 그렇기 때문에 문제투성이의 이 시대에 현대 정신의 혼란 상황(포스트모던시대) 가운데서 그리스도인들은 자신들을 위해, 그리고 이 혼란에 빠진 인류들을 위해 참으로 종합적이고 바른 세계관을 제시하며 그것을 성실하게 전파하고 실천해야 할 필요성과 사명이 있다. 만약 최재형 전 원장이 기독교인으로 정치인의 길을 걷기를 원한다면 먼저 자신의 세계관을 명확히 이해하고 점검해야 할 필요가 있다.

물론 기독교 세계관은 진정한 의미에서 하나님 중심의 신본주의(神本主義) 입장이기에 종교성을 감출 수 없다. 이것은 반대편의 세속적 세계관을 가지고 살아가는 사람들이 스스로를 자연주의(自然主義)나 무신론주의(無神論)의 입장을 강하게 견지하는 것과 똑같다. 자연주의와 무신론주의를 폄하할 수 없듯이 기독교인이 자신의 신본주의를 일부러 감추거나 양보할 필요도 없는 것이다.

기독교 세계관의 기본 구조

기본적으로 세계관은 세상의 역사와 전개에 대한 이해의 구조를 가지게끔 되어있다. 왜냐면 사람들의 관심은 항상 탄생과 삶과 죽음에 대한 해답을 요구하기 때문이다. 따라서 기독교인이라면 탄생과 삶과 죽음에 대한 이해의 구조가 있을 것이고, 사회주의자라면 역시 같은 이해의 구조가 있을 것이다.

첫 번째, 기독교 세계관은 인간의 탄생을 이야기함에 있어 하나님의 창조를 인정하고 받아들임으로 시작된다. 역사적 창조를 받아들여야 성경적 의미의 창조를 받아들이는 것이다. 즉 '시간과 함께하는' 창조를 받아들이지 않으면 그것은 진정한 의미의 창조를 받아들이는 것이 아니다. 반대로 사회주의자는 찰스 다윈의 주장을 받아들여 모든 사물의 시작인 창조는 우연에 의해 자연 도태에 의해 적자생존의 법칙을 따라 인간으로 진화되었다고 믿는 것이다. 여기서 믿는다는 표현을 쓰는 것은 사실로 인해 밝혀진 것이 아니라 추측에 의한 가설이기 때문이다. 점점 진화를 거듭한 생물체는 인간이 되고 인간의 사회체제 역시 점점 진화를 거듭하여 오늘의 자본주의를 넘어 사회주의로 발전하고 있다고 믿는 것이다. 사회주의로의 발전을 막는 모든 것은 반동으로 청산해야 하고 제거해야 할 될 대상이 된다. 이때 가장 반동적인 세력은 신의 존재를 믿는 기독교인들이다. 왜냐하면, 사람의 삶은 진화의 마지막 단계인 사회주의로의 이행을 가장 역행하는 기독교인은 인민들에게 헛된 희망을 주는 아편이요. 처단해야 할 반역자이기 때문이다.

두 번째, 인간 삶의 문제에 있어 중요한 구조는 죄에 대한 정의와 징계이다. 기독교 성경은 인간세계의 모든 부조화는 인간의 죄 때문이라고 전제한다. 그러므로 인간의 역사적 타락을 믿지 않는 것은 실제적으로 인간의 타락을 믿지 않는 것이다. 온전한 의미의 타락은 창세기 3장의 역사성을 받아들이면서 인간성 전반의 타락을 인정하는 것이다. 반면 사회주의적 세계관의 입장에선 인간이 타락하였다는 것을 인정하지 않으며 만약 어떤 문제가 있다 하여도 발전적 사관에 의해 인간은 스스로 구원을 받을 수 있다고 본다. 이는 기독교 세계관이 아니다.

세 번째, 전제는 만약 인간의 삶에 있어, 고통이나 난관이 있다면 그 문제를 어떤 방법으로 해결할 것이냐는 것이다. 이것을 인간의 구원, 혹은 구속(救贖)이라는 측면에서 설명해야 하는데, 전통적 기독교 세계관 안에서는 오직 사람의 육신을 입고 온 신(神)인 예수의 구원으로만 구속(救贖)을 받는다는 것이다. 하지만 사회주의적 세계관에서는 구원이란 없으며, 삶의 개선에 있어 중요한 것은 인간 중심의 철학으로 정치적 엘리트 계급인 지도자가 이끄는 대로 전체를 위해 개인의 자유와 권한을 포기하고 전체를 위한 희생이 전제될 때 지상의 천국이 이루어진다는 것이 이들의 세계관인 것이다.

마지막으로 네 번째는, 영원한 세계, 즉 내세관에 대한 것이다. 기독교적 세계관에 있어 현세도 중요하지만 그보다 더 중요한 것은 이 세상에 나타날 영원한 세계, 즉 앞으로 오게 될 세상인 내세(來世)가 더 중요한 것이라고 본다. 하지만 사회주의적 세계관의 입장에서 본다면 '내세(來世)'란 우스운 것이다. 그 이유는 영혼까지도 물질로 이루어져 있다고 믿는 유물론의 입장에서는 내세는 아예 존재할 수도 없으며, 사람의 생명이란 죽음과 동시에 물질로 돌아가기 때문에 영혼이 존재한다는 것은 유물론적 입장에서 보면 허황되기 그지없는 황당무계한 것이다.

결론적으로 기독교적 세계관을 가진다는 것은 모든 기독교 신앙인이라면 당연한 것이며, 기독교적 세계관이 지향하는 바가 결국은 신적인 통치, 즉 하나님 나라(神國, Kingdom of God)라는 결과로 완성됨을 믿는 것이다. 왜냐면 하나님은 온 우주와 이 세상 만물을 창조하신 분이시므로 온 세상이 다 그의 것이며 그의 주관(主管) 아래 있다고 믿기 때문이다. 다만 하나님께서 이 세상을 창조하실 때 인간이 생존할 수 있는 최적의 환경을 준비하신 후에 인간을 가장 나중에 창조하셨다. 그리고 만물에 대한 하나님의 대리자로서 하나님의 형상대로 창조된 인간의 창조는 창조의 극치(極致, the summit of creation)라고 할 수 있다.

하지만 인간의 타락으로 인해 만물도 그 원래의 모습을 많이 잃어버려 인간은 자연이 주는 한계 속에서 자연에 종속되어 버린 것으로 본다. 물론 성경이 말하는 인간의 모습은 함께하는 인간이며 더불어 사는 사회적 인간이다. 하나님이 남자를 먼저 만드시고 여자가 그 남자의 일부로 만들어졌지만, 성경의 본문은 남자와 여자의 동등성과 함께 여자는 남자의 돕는 배필이라는 것을 강조하고 있다. 그러므로 동성애를 주장하고 옹호하는 것은 신에 대한 도전이요, 창조의 원리에 대한 반역인 것이다. 서로 사랑으로 교제하며 함께 산 결과로 아이를 낳는 것도 하나님의 축복의 일부분이고, 그 결과로 사람들이 많아지는 것과 온 땅에 가득 차게 되는 것도 하나님의 축복의 일부분이다. 인구감축이나 산아제한, 낙태와 같은 제도나 법률제정은 정면으로 하나님을 대적하는 것이다. 당연히 사회주의자는 존재 자체가 악이며 그 행위는 기독교인들과 양립할 수 없는 적대적인 관계에 있는 자들인 것이다. 그들이 우리를 반동으로 여기는 것 이상으로 창조에 대한 반역자로 여겨져야 한다. 또한 그 중간에 있다고 말하는 중도 역시 즉시 기독교적 세계관의 구조 안으로 들어와야 할 선교와 전도의 대상인 것이다.

사회주의 진화론 거부

인간이 하나님의 형상대로 창조되었다고 하는 것은 인간이 다른 동물들로부터 진화되었다는 모든 개념을 거부하는 것이다. 인간은 진화의 산물이 아니라 하나님의 형상대로 지음 받은 존귀한 존재이다. 또한 하나님의 형상은 인간이 하나님을 세상에 잘 반영해야 한다는 것을 함의한다. 인간이 하나님과의 관계를 저버리는 것은 결국 자신의 근본을 저버리는 것이며 비인간화되는 것이다. 인간은 하나님을 의존하도록 창조되었기 때문이다.

앞서도 말했지만 서로 다른 강조점을 지닌 두 가지 관점이 있다. 그중 하나는 이 세상에 대해서 생각하는 것은 별로 의미 없는 일이고, 이 세상을 변화시키는 데 도움이 되는 것만이 진리라고 주장하는 마르크스주의적 진리관이다. 또 다른 하나는 실용주의적 진리관으로, 진리는 신념의 기능이나 역할에 따라서 결정된다고 주장하는 입장이다. 즉 다른 것을 고려하지 않고 현실의 문제 사태를 해결하는 데 도움이 되는 것, 그래서 인간에게 만족을 주는 것이 진리라고 간주한다. 이들의 입장은 결국 인간은 결코 절대적 진리를 획득할 수 없으므로 그저 신념의 가장 유용한 기능으로 만족해야 한다는 것이다.

기독교 진영에 대한 공격이 먹히지 않자, 사회주의자들은 전략을 짠다. 그렇게 나타난 것이 헤게모니 전략이며, 진지전적(陣地戰的)인 공격이다. 그리고 뉴에이지 사상을 빙자한 다원론적 주장[107]으로 희석시키는 것이다. 이 세상의 모든 영역에 적용될 수 있는 단일한 절대의 진리 체계란 있을 수 없다는 생각을 부추겨 결국 상대주의적 진리를 허용하는 주장이다. 이 같은 주장은 하나님과 성경을 절대 진리로 믿는 기독교와 정면충돌할 수밖에 없다.

만약 최재형 전 원장이 올바른 정치적 철학을 가지고자 한다면 반드시 기독교적 세계관을 만천하에 알리고 견지해야 할 것이다. 이것이 저쪽 이념을 이길 수 있는 원론이기 때문이다.

포스트모더니즘을 신봉하는 자들은 인간의 이성으로는 절대적인 주장을 할 수 없다는 입장을 강조한다. 이것이 이전 세대

---

107) 세상에 절대 진리는 존재하지 않기 때문에 모든 사람이 각기 진리라고 하는 모든 주장은 상대적일 뿐이며 늘 권력의 작용과 연관되었다고 보는 것이다. 따라서 이 세상에는 상대적인 진리만 있기 때문에 결국 누구나 각자 생각하고 주장하는 그것이 바로 진리가 된다는 것이다.

의 사유보다 좀 더 겸손해 보일지는 몰라도 여기에 함정이 있음을 잊어서는 안 된다. 중생(重生)한 이는 이제 하나님의 계시라는 시금석에 근거해서 자신들의 경험과 활동을 통제해 나가 이제 모든 것을 바르게 파악하고 해석하기 시작한다. 이런 활동은 일차적으로 신(神)에 대한 인식(認識)과 신학(神學) 활동에서 나타난다. 즉 하나님의 계시를 따라 신학(神學)을 하는 것이다.(계시의존 사색)

그러므로 구속(救贖)을 받은 성도는 어떤 분야의 학문적 활동을 하든지 결국 성경이 계시하는 바 하나님과 진리에 대한 바른 이해를 가지고 그 토대 위에서 학문적 활동을 해야 한다. 이렇게 구속 받은 성도는 사고의 모든 분야에서 철저한 기독교적 사고를 하려고 해야만 하는 것이다.

세계관이 가치관을 결정

결국, 기독교 세계관을 가진 자만이 기독교적 가치관을 가질 수 있다. 반면, 절대 가치관을 인정하지 않는 뉴에이지 운동과 같은 상대주의적 가치관은 기독교 가치관과 정면으로 충돌한다. 지금 전 세계는 문화전쟁이라는 명분 아래 절대적 가치와 상대적 가치가 목숨을 건 투쟁을 하고 있다. 그러면 무엇이 절대적인가? 하나님과 하나님의 뜻이 절대적이다. 여기서 '절대적(絕對的) 가치', 또는 가치의 절대성(絕對性)'이라는 말은 변함이 없다. 다른 모든 판단의 근거와 척도가 된다. 이처럼 하나님의 뜻이 선악(善惡)과 정사(正邪, 바른 일과 사악한 일)의 기준이 된다는 것이 기독교 윤리적 가치관의 근본이다. 기독교 신앙을 가진 정치인이 알아야 할 것은 이 땅의 하나님 나라 백성인 정치인이 모든 일에 완벽하다거나 항상 하나님의 뜻을 제대로 잘 판단해서 그대로 살아간다는 그런 의미는 아니라는 것이다. 그러나 항상 겸손하게 자신의 부족함과 허물을 직시하고 그것을 미워하며 버리고 자신과 모든 사람 앞에서 언제나 성령의 인도하심을 따라 가도록 최선을 다해야만 한다.

반드시 관점이 변화되어야

서구의 정치사를 볼 때, '이념적'으로 자유민주주의가 자유주의로부터, 사회민주주의가 사회주의로부터 출발했다는 기원상의 차이점은 명백히 존재한다. 세계관이 바뀌면 관점이 바뀐다. 예수 그리스도 안에서의 관점으로(from a perspective in Christ) 세상을 보기에 그리스도인이 되기 이전의 자기의 모든 것은 새롭게 판단된다. 여기에 바울적인 모든 가치의 전도(轉倒)(Umwertung der Werte)가 일어나는 것이다. 전에는 유익으로 생각했으나 이제는 해로운 배설물로 여긴다는 고백이다. 고무적인 것은 최재형 원장의 아름다운 미담과 선행이 이러한 관점의 변화에서 온 것이라면 국민 대중들은 그의 이념이나 가치관을 의심할 필요가 없다. 왜냐면 그는 그리스도 안에서, 즉 기독교적 신앙과 세계관 안에서 모든 것이 변했기 때문이다.

16. 자유민주주의 국가관

국민의 무기는 무엇인가

국민의 가장 근본적인 정신적 무기라는 말이 있다. 즉 올바른 국가관이 힘이란 것이다. 고학력에 많은 교육을 받은 사람도 국가관을 잘못 해석하고 행동하는 사람이 있고 비록 많이 배우진 못해도 자신이 살고 있는 공동체인 국가관을 바르게 가질 수 있다. 그래서 대한민국 올바른 국가관은 인생의 관점의 차이가 아니라 논리의 문제라고 하는 것이다.

우리나라 자유 민주주의의 국가관 해석법은 크게 아래의 2가지로 분류할 수 있다. 첫째는 자유민주주의적 민중 국가관이다. 투표자인 민중이 국가의 주인이며, 국가는 민중과 자유와 권리를 보장하는 대표 기관임을 우선 해석하여 개인의 인권과 재산은 국가가 최대한 보장해줘야 하는 민중과 개인 중심의 자유민주주의가 그것이다.

둘째는 국가 민주주의 국가관이다. 국가의 권리와 헌법은 민중보다 우선하며, 국가 중심의 이념과 법의 힘을 기초로 해석하여 개인의 자유와 권리, 재산을 보호하는 것이 국가 중심의 자유민주주의가 그것이다.

전자는 국가가 민중과 개인의 주권 권리를 최대한 보호해 주는 이상주의적인 국가관처럼 보인다. 후자는 자칫 국가 전체주의나 독재의 향기를 불러일으키는 말처럼 오해를 사기도 한다. 어느 것이 정답일까? 물론 둘 다 자격이 있다. 자유민주주의 국가이지만 국가 민주주의적이기도 해야 한다는 점에서 그렇다.

우리는 좀 더 자유라는 말을 깊이 해석할 필요가 있다. 우리는 어릴 때부터 성인이 되면 그동안 제한되었던 여러 가지 자유를 누리게 되지만, 자유를 누리는 행동에는 항상 '책임'이 따른다고 교육을 받아왔으며, 또 그렇게 알고 있다. 이러한 '책임'이라는 전제를 깔고 자유민주주의의 의미를 다시 되새겨 보면 대한민국의 현실은 국가 민주주의에 우선을 둬야 나라가 바로 선다.

자유민주주의를 지키기 위해서, 그리고 민중과 개인의 이익과 권리를 지키기 위해서는 우선 국가의 권리와 이익을 챙기려는 국가관과 의식이 국민과 민중에게 있어야 한다는 것이다.

이것은 개인과 민중의 자유와 생존권을 중시하는 문제와는 다른 기본 이념인 국가관이 문제이다.

현재 대한민국의 대다수 많은 사람들이 전자를 확대 해석하여 국가보다는 개인의 이익과 권리를 먼저 챙기며 국가의 의미와 권리는 뒷전으로 생각한다. 많은 사람들이 국익보다는 개인의 경제적 풍요와 자유 권리만 우선시한다. 이러한 이유는 개인과 민중 중심의 자유민주주의 국가관을 우선시하고 이를 진보적이라고 생각하기 때문이다.

이러한 잘못된 국민의 국가관은 별 차이 없어 보이지만 알고 보면 나라를 좀먹는 근본의식이며, 혈세를 낭비하게 하고, 국가의 여러 권력과 힘을 분산·왜곡시키고, 국민의 사고를 자유에서 방종으로 흐를 수 있게 하는 여지를 주어 장차 우리 아이들과 국가의 미래 역량을 좀먹는 국가관이다. 국민의식이 문제라고 한탄할 것이 아니라 잘못된 국가관을 바로잡아야 할 문제라고 생각해야 한다. 그러한 이유는 진정한 자유는 국가라는 막강한 힘 아래서만 보호되는 힘의 원칙과 진리가 있기 때문이다. 나라가 힘이 없으면 국민이 아무리 자유로워도 자유라는 권리를 얻은 것이 아니다. 설사 그런 달콤한 권리가 잠시 있더라도 국가에 힘이 없으면 자유와 권리는 다른 대내·외적인 힘에 의해 쉽게 사라질 수밖에 없다. 국가의 힘이 초석이 되지 않으면 개인과 대중은 아무런 보호를 받을 수 없다.

최재형 전 원장이 대통령이 되면 모든 국민들에게 자유민주주의라는 권리와 자유를 누리게 해주어야 한다. 또한 경제적 풍요를 누리기 위해서는 대중이나 개인의 이익에 앞서 우선 국가를 강하게 할 책임과 의무가 있다는 것도 알려주어야 한다.

우리나라는 대외적으로 보더라도 100여 년 전처럼 여전히 한반도를 중심으로 세계 4강의 세력 다툼 사이에 끼어 있다. 더구나 우리나라는 지금도 수도권 수십 킬로미터 밖에서 세계에서 가장 호전적인 북한 정권에 의해 핵무기와 재래식 무기로 위협받는 국가다. 정치 성향을 떠나 조상이 피땀 흘려 세운 대한민국이라는 국가의 의미를 다시 되새기며 국민 모두가 올바른 국가관의 논리를 알고 무장해야 한다. 모두가 알고 있는 듯하지만 대다수가 명확한 논리로 알고 있지 못하며 실천하지 못하는 문제가 국가관이다.

이승만이 세운 국가관의 기초

현재에 이르러 젊은 세대들은 대한민국의 건국 과정은커녕, 수백만 조부모 세대의 목숨이 희생되었던 6·25전쟁의 내용과 의미를 모르고 있다. 이러한 상황은 현재 우리가 직면하고 있는 국론분열과 남북관계의 문제점과 근본적 맥이 닿아 있다는 점에서 중요하지 않을 수 없다. 따라서 현재의 대한민국이 있게 된 건국의 과정에서 가장 중요한 역할을 담당했던 초대 대통령 이승만의 국가관에 대해 검토해 볼 필요가 있다. 이 나라 근·현대사에 있어 괄목할 만한 정치적 행적을 남긴 이승만의 국가관에 대한 이해가 되어야 그가 만들려고 했던 국가가 보인다. 그의 국가관에 대한 이해가 있어야 대한민국 국가적 정체성이 확립된다. 그리고 그가 어떤 이데올로기를 가지고 건국헌법을 만들었는지 알게 된다. 이승만 대통령의 국가관이 지니는 관념적 상징성은 간단하게 '자유민주주의'와 '반공사상'으로 요약할 수 있다. 이는 대한민국 건국 이후 70여 년 동안 지속적으로 자유민주주의 국가 대한민국이 존재하고 발전해 온 초석(礎石)이 되었음은 물론이다. 이러한 점에서 이승만이 신생국 대한민국에 민주주의 제도의 정착과 자유로운 경쟁을 통한 시장경제체제의 확립을 공고히 한 최초의 대통령이었음은 부정할 수 없다.

흔들리는 자유민주주의

현행 헌법에서는 제1조 제1항의 '민주공화국'이라는 표현 이외에도 '민주적 기본질서'와 '자유민주적 기본질서'라는 용어를 사용하고 있다. 이것 때문에 논란이 되고 있다. 양자의 관계를 어떻게 볼 것인가, 구분의 실익이 있는가에 대해서는 헌법학자

들 사이에 의견이 분분하다.[108]

그런데 현행 헌법 제8조 제4항은 정당의 해산과 관련하여 "정당의 목적이나 활동이 '민주적 기본질서'에 위배될 때에는 …… 헌법재판소의 심판에 의하여 해산된다"고 규정하고 있다. 아울러 흥미롭게도 현행 헌법 제32조 제2항은 "국가는 근로의 의무의 내용과 조건을 민주주의의 원칙에 따라 법률로 정한다" 라는 규정을 두고 있다. 이 때문에 좌파적 성향을 가진 이들은 헌법 조항을 전체적으로 살펴볼 때, 우리 헌법이 궁극적으로 추구하는 가치라는 점에서는 자유민주적 기본질서나 민주적 기본질서 사이에 큰 차이가 없다고 생각한다. 하지만 양자 가운데 어느 쪽이 더 강한 '방어적 민주주의'를 함축하고 있는가 하는 점에서는 차이가 있다고 말한다. 예컨대, 서독 기본법에서 명문화된 정당에 관한 조항과 기본권 상실조항은 방어적 민주주의를 강조하기 위해 '자유민주적 기본질서'(freiheitliche demokratische Grundordnung)라는 용어를 사용하고 있는 데 반해, 우리 헌법의 정당 조항은 방어적 민주주의의 취지로 '민주적 기본질서'라는 표현을 사용한다. 그런데 그 제정취지나 문구를 보

---

108) 헌법 전문(前文)은 "…… 자율과 조화를 바탕으로 자유민주적 기본질서를 더욱 확고히 하여"라고 하고, 제4조는 "…… 자유민주적 기본질서에 입각한 평화적 통일정책을 수립하고 이를 추진한다"고 하여 '자유민주적 기본질서'라는 두 개로 나타난다.

면 '민주적 기본질서'가 오히려 서독 기본법의 번역어로 사용된 우리말의 '자유민주적 기본질서'에 비해 허용적이고 관용적인 성격이 강하다. 아래에서 구체적으로 논할 것처럼, 전문과 제4조에서 평화적 통일정책과 호응하여 등장하는 '자유민주적 기본질서'는 북한을 의식하여 방어적 성격이 매우 두드러진다. 다시 말해 제8조 정당 조항의 '민주적 기본질서'보다 전문과 제4조의 '자유민주적 기본질서'가 훨씬 강한 방어적 민주주의의 색채를 띠고 있다는 것이다.

우리 헌법이 수정자본주의에 입각하여 사회적 기본권을 광범위하게 인정하고 있기 때문에, 우리 헌법 하에서 사회민주주의를 추구하는 정당이 출현하여 집권을 하면서 정부의 적극적인 개입을 통하여 복지와 분배정책을 추구하더라도, 사유재산제도와 시장경제를 전면적으로 또는 원칙적으로 부정하지 않는 한, 그런 정책이 우리 헌법이 추구하는 '민주적 기본질서'는 물론 '자유민주적 기본질서'에 위배되지 않는다는 입장을 취한다. 그리고 국내의 많은 헌법학자들 역시 원칙적으로 비슷한 입장을 취하리라고 생각하는 학자들이 많다.[109]

---

109) 강정인. 민주화 이후 한국 정치에서 자유민주주의와 법치주의의 충돌. 2005년 12월 〈헌법실무연구회〉에서 발표한 미출간 논문, 「한국에서의 자유민주주의와 헌정주의」를 기초로 하여 작성, 2008년 5월 30일 서울대학교 법학연구소가 개최한 학술대회 "민주주의와 법치주의"에서 발표된 논문을 수정·보완한 것. 40~41면.

최재형 전 원장은 법조인 출신이니 누구보다 헌법을 잘 알 것이다. 민주화 이후 한국 정치에서 자유민주주의와 법치주의의 충돌로 말미암아 자유민주주의보다는 그냥 민주주의라는 말이 더 어필되고 있는 현 상황을 잘 알 것이다. 대한민국의 대통령이라면 당연히 그냥 민주주의가 아니라 공산주의에 대응되는 자유민주주의의 근간을 대한민국의 국가 존립의 가치로 알고 이를 지켜야 할 것이다. 봇물은 그냥 갑자기 터지는 것이 아니다. 작은 구멍으로부터 시작된다. 그러므로 지난 4년간의 폐해를 지켜본 우리로서는 당연히 20대 대통령은 이 자유민주주의라는 헌법적 가치를 수호해내는 철학을 가진 대통령만이 정권을 잡을 권한이 있다고 믿는 것이다.

17. 시장경제와 복지관

사회주의와 복지

북유럽 국가들이 사회주의 국가라는 말을 종종 듣긴 하지만 사실과 상당히 다르다. 오히려 기업가 정신이나 기업 친화적 환경이라는 측면에서 북유럽 국가들은 각종 지표에서 상위권에 위치한다. 세금을 많이 거둔다고 사회주의 국가라고 하긴 어렵다. 다만 세금으로 보편적 건강보험 같은 제도를 위한 재원을 마련하려는 복지국가라고 할 수 있다.

문재인 정부 들어서 양극화는 더 심해지고 집값은 천정부지로 올랐으며, 대규모 실업 사태로 1997년 IMF 사태 이후 빈곤층이 급격히 늘어나고 있다. 임시처방으로 재난지원금을 4차례나 뿌리면서 위기를 모면하고자 하지만 드러나지 않은 영세 자영업자들의 부채는 결국 금융위기를 불러올 것이다. 그래서 지금 다시 복지 문제가 중요하게 떠오르는 것이다.

빈곤은 그 자체로 당사자에게 참을 수 없는 고통과 인간적 모멸감을 안겨주지만, 사회 전체적으로도 사회적 불안정을 초래하기 때문에 반드시 해결해야 할 사회적 과제이다. 그러나 그 해법이 그렇게 간단하지 않다는 데 우리 모두의 고민이 있다. 빈민운동가들의 입장에서 보면, 우리 사회에 수많은 부자들이 있는데 그들에게서 세금을 좀더 거두어 빈곤층에게 나누어 주면 될 것이다. 그러나 자유민주주의 시장경제체제에서는 그렇게 간단하게 문제가 풀리지 않는다. 이것은 노동자·농민을 위한 평등한 사회를 지향한 공산주의 체제도 해결하지 못한 어려운 문제이다. 해결은커녕 오히려 수많은 빈곤층을 양산하였고 급기야는 공산주의 체제의 붕괴를 초래하였다.

이것이 의미하는 바는 빈곤은 국가가 전적으로 해결할 수 있는 문제가 아니라는 것이다. 가난한 사람에게 보조금을 주어서 일시적으로 빈곤을 완화할 수는 있겠지만, 이러한 정책이 그 사람을 영원히 빈곤에서 탈출하게 하는 것은 아니고 오히려 경우에 따라선 도덕적 해이를 초래하여 그 사람으로 하여금 스스로 빈곤에서 탈출하려는 노력을 저해할 수도 있는 것이다. 그리고 빈곤층을 돕기 위해 필요한 돈을 부자나 기업에 대한 과세를 지나치게 강화함으로써 조달할 때, 이것은 그들의 자본

축적 의지나 기업의욕을 꺾음으로써 경제의 퇴보를 초래할 수 있고, 실업을 양산하고 임금을 떨어뜨림으로써 결과적으로는 빈곤을 더 심화시킬 수도 있는 것이다.

따라서 빈곤의 해결은 빈곤의 원인을 잘 파악하여 적절한 대책을 강구해야 하는 정부뿐 아니라 개인 스스로 그리고 가족과 종교단체를 비롯한 사회 전체의 총체적인 노력에 의해 가능한 것이다.

시장경제만이 복지해결책

20대 대선을 앞둔 지금 차기 대통령에게 강력하게 요구해야 할 것은 일부 진보주의자들이 주장하고 펼쳐온 퍼주기식 복지를 계속할 것인지, 공무원을 계속 늘려나갈 것인지를 분명히 해야 한다. 좌파 사회주의자들이 과감하게 복지를 확대를 주장하는 이유는 기본적으로 치열한 경쟁사회에서 모든 조건이 열악한 빈곤층이 빈곤에서 벗어나는 것이 어렵기 때문이라고 한다. 하지만 그들이 내세우는 빈곤 대책이 지나치게 지엽적·단기적이고 감성적이어서 빈곤을 근본적으로 제거하는 역할을 하지 못하고 있다.

이들은 빈곤의 원인을 사회와 정부 정책의 실패, 그리고 가진 자들의 탓으로 돌리면서 일시적으로 빈곤을 완화하는 데만 모든 노력을 기울일 뿐 빈곤을 근본적으로 뿌리뽑는 데엔 소홀한 모습을 보인다. 우리가 지난 4년 동안 뼈저리게 체험한 것이다. 원론적 이야기지만 빈곤을 뿌리뽑기 위해선 경제가 성장해서 모든 국민들이 일자리를 가지고 임금 수준이 높아져야 한다. 하지만 사회주의자들은 소득주도성장과 같은 경제사에도 나오지 않는 정책을 가지고 국민들을 속였다. 그뿐인가. 그들은 경제성장 우선 정책에 대해서 반감을 가지고, 경제성장을 위해선 경쟁력을 키워야 하고 능력 있는 자들에게 인센티브를 주어야 하는데 이러한 정책에 대해서 반대하는 것이다.

진보주의자들은 흔히 빈곤의 원인을 전적으로 모순적 사회구조 속에서 찾고, 자본의 착취, 임금의 극심한 불평등 등을 집중적으로 거론하면서 있는 자들에 대한 적개심을 고취시키고 사회변혁을 주창한다. 그러나 현재 시장자본주의에서 초기 자본주의처럼 노동자를 착취하는 기업주들은 극히 예외적 현상일 뿐 대부분의 기업가들은 생존을 위해 하루하루 사투를 벌이고 있음을 직시해야 한다. 임금의 불평등이 존재하고 일부 기업가들이 노동자들보다 훨씬 높은 수준의 생활을 누리는 것도 사실이지만, 시장경제 하에선 인센티브를 위해 불가피한 측면이 있음을 이해해야 한다. 그러한 결과로 나타나는 불평등 문제는 소득재분배 정책으로 해결하도록 해야지 그러한 현상 자체가 못마땅해 시장경제 자체를 부정하는 태도는 극히 위험한 것이다.

근본적인 대책을 세워야

재난지원금이나 공공근로 같은 지원을 통해 서민층에게 정부가 나서 돕는다 하더라도 그것이 빈곤을 근본적으로 제거할 수는 없는 것이다. 경제침체가 계속되면 정부의 재정도 악화되고, 따라서 보조금을 지불할 여력마저 없어지면 빈곤 문제는 더욱 심화될 것이다. 지난 김대중 정부 때도 6년간 사회복지비 지출을 다른 정부지출보다 빠르게 늘렸고 국민기초생활보장제도를 포함하여 빈곤층과 서민층을 위한 사회복지제도도 개선되었음에도 불구하고 빈곤 문제가 더 심화된 이유는 경제 위기와 그 후유증 때문인 것이다.

안타까운 것은, 경제가 조금 후퇴하더라고 소득분배를 더 강화하고, 있는 자들에게 중과세하여 빈곤층·서민층을 도와는 것이 가장 효과적인 복지정책인 것으로 일부 진보주의자들이 믿고 있다는 것이다. 그러나 이러한 정책은 자칫 잘못하면 경제의 장기침체를 초래하여 빈곤층·서민층을 더 어렵게 할 수도 있음을 직시해야 한다.

빈곤 문제의 해결 방안은 단기적으로 빈곤의 고통을 완화할 수 있는 정책과 장기적으로 빈곤을 완전히 제거할 수 있는 정책으로 구분할 수 있다. 빈곤은 여러 가지 원인을 가지고 있으므로 그 원인에 적합한 빈곤 대책을 강구하는 것이 중요하다. 빈곤의 원인으로는 실업, 이혼, 질병·사고, 노령, 선천적 장애, 태만, 능력 부족 등을 들 수 있다. 이중 태만·이혼 등은 개인이 스스로 해결해야 할 문제로 국가가 해결해 줄 수 없는 것들이다.

반면 실업, 질병·사고, 노령 등은 국가가 사회보험제도를 잘 활용함으로써 어느 정도 빈곤을 예방하여 완화할 수 있는 원인들이다. 그리고 선천적 장애나 능력 부족은 당사자 스스로 해결할 수 없고 사회보험도 가능하지 않기에 정부가 공적부조 제도를 통해 어느 정도 문제를 완화할 수 있을 것이다.

여기서 중요한 것은, 국가는 빈곤을 어느 정도 완화하는 역할을 할 수 있을 뿐 완전히 제거하는 데엔 한계가 있다는 것이다. 국가 재정에 한계가 있기 때문이다. 특히 우리나라와 같이 국민소득 수준이 선진국보다 훨씬 낮은 국가의 경우엔 더더욱 재정적 한계에 부딪히게 되는 것이다. 따라서 부족한 부분은 가족이나 종교단체를 포함한 사회단체들이 담당할 필요가 있다.

먼저, 국가의 역할과 관련하여 국가는 연금보험, 의료보험, 산재보험, 실업보험 등과 같은 사회보험을 잘 운용함으로써 국민들이 예기치 못한 사고(질병·사망·노령·실업)로 인해 빈곤층으로 전락하는 것을 방지해야 한다. 이 경우 정부는 사회보험의 재정을 건전화하는 데 각별한 주의를 기울여야 한다.

그리고 개인적으로 불가항력인 선천적 결함으로 소득 능력이 부족한 사람들을 위해선 공적부조를 활용하여 보조금을 지급함으로써 빈곤을 완화해 주어야 한다. 이 경우 가능하면 그들이 빈곤에서 벗어날 정도로 보조금을 지급해야 하겠지만, 재정의 한계가 있을 경우엔 가능한 범위 내에서 최대한도로 지원할 필요가 있을 것이다.

가능하면 국민소득의 증가에 따라 이들 보조금의 수준을 점진적으로 높여나가야 할 것이다. 동시에 이들로 하여금 주어진 능력 내에서 일자리를 가질 수 있도록 직업교육을 하고 일자리를 알선해 주는 역할을 해야 한다. 그리고 능력 있는 가족이 있을 경우엔 스스로 도울 수 있도록 법으로 강제할 필요가 있다. 또한 종교단체나 다양한 사회단체들이 빈곤의 구제에 적극적으로 참여하도록 대책을 강구해야 한다.

이미 많은 단체들이 빈민구호에 나서고 있지만 체계적으로 되고 있지 않아 그 효과가 일시적이고 미약한 경향이 있다. 종교단체와 사회단체를 사회복지제도와 연계하여 공적부조에 대한 보완 수단으로 활용하면 훨씬 더 효과적으로 빈곤을 줄일 수 있을 것이다. 그래서 기본소득제도를 종교인과 예술인을 중심으로 시작하여 점점 더 확대해 나가야 한다. 이에 대해서는 뒤에서 깊이 있게 다루도록 하겠다.

일자리 창출

뭐니 뭐니 해도 빈곤의 가장 중요한 원인은 실업이기에 정부가 경제성장을 통하여 일자리를 지속적으로 창출하는 것이 급선무이다. 분배도 중요하지만 일자리의 증대를 위해서라도 당분간은 성장잠재력과 국가경쟁력을 증대시키는 것이 더 시급한 과제인 것이다. 1%의 경제성장이 최소한 8만개 이상의 새로운 일자리를 창출할 수 있고, 경제성장이 1% 떨어질 경우엔 그에 상응하는 일자리가 없어진다는 것을 인식할 필요가 있다. 새로운 일자리 창출뿐 아니라 이미 있는 일자리를 잘 배분하는 것도 중요하다. 많은 사람들의 경우 자신에게 적합한 일자리가 있음에도 불구하고 취업 정보가 부족해 일자리를 찾지 못하는 경우가 있다. 이를 위해선 효과적인 일자리 알선 제도를 도입·운영해야 한다.

앞으로 대통령이 될 사람은 그 어떤 분야보다도 경제의 회복과 성장에 최선을 다해야 한다. 이 길만이 복지의 근원적인 해결이 될 것이며 실업자를 줄일 수 있는 길이 될 것이다. 어떤 경우에도 빈곤계층에 대한 지원은 단순한 무상지원이어서는 안 되고 자립능력을 제고하는 방향으로 이루어져야 한다. 단순한 무상지원은 도덕적 해이를 초래하여 빈곤층으로 하여금 영원히 빈곤 함정에서 벗어나지 못하게 할 가능성이 있기 때문이다. 따라서 모든 지원은 직업·기술 교육과 연계되어야 한다.

시장경제는 사회안전망, 법의 지배와 표현의 자유, 신뢰, 규제와 함께 가야 한다. 혁신과 성장을 위해 부단히 노력하는 대통령의 철학이 필요하다.

18. 문화와 매스미디어 철학

문화(culture)와 자연(nature)

한 나라가 융성하려면 반드시 문화도 그리해야 한다. 대통령의 철학 속에는 문화에 대한 이해와 실천의식이 반드시 들어가야 한다.

우리가 흔히 사용하는 문화라는 개념을 열거해보면, 문화라는 말이 그 쓰임새가 매우 복잡함을 알 수 있다. 신세대문화, 청소년문화, 직장인문화, 중산층문화, 노동자문화, 화장실문화, 낙서문화, 교통문화, 음식문화, 쓰레기문화, 놀이문화, 문화인, 문화영화, 문화개방, 문화산업, 문화혁명 등⋯⋯.

서양에서 '문화(culture)'라는 말은 라틴어의 '경작하다', '재배하다'에서 파생된 말이다. 즉, 자연상태의 어떤 것에 인간적인 작용을 가하여 그것을 변화시키고 새로운 것을 창조해낸 것이라는 뜻이다. 가장 넓은 의미에서 문화는 자연에 대립되는 개념이며, 문화에는 인간의 역사의 산물 그 전체, 즉 정치와 경제, 법과 제도, 문학, 예술, 도덕, 종교, 풍속 등 모든 인간적 산물이 포함된다고 할 수 있다.

문화에 대한 다양한 정의는 엄청나게 광범위한 인간의 산물들의 관계를 어떻게 이해하는가 하는 문제와 연관된다. 또 시대에 따라, 집단에 따라, 관점에 따라 문화에 대한 정의가 다른 것은 결국 인간이 만들어낸 역사적 산물을 두고 인간들이 벌이는 권력 다툼과 밀접히 관련된다. 문화는 인간들 사이의 투쟁의 영역, 권력과 소유와 권위와 지적 헤게모니의 갈등의 장이 되기도 한다. 그래서 사회주의자들은 그들의 세력이 약할 때 문화라는 옷을 입고 세력을 확장한다. 이른바 진지전(陣地戰)이다.

매튜 아놀드(Matthew Arnold)같은 비평가는 인간의 사고와 표현의 뛰어난 정수라는 의미의 '문화개념'에 대해 언급했다. 위대한 문학, 미술, 음악 등에 대한 지식과 실천을 통한 정신적 완성의 추구라는 열망. 이러한 개념은 고도의 개인주의적 철학을 반영하는 동시에, 일종의 '선민의식' 혹은 특정한 인간집단의 우월성에 대한 철학적 신념을 깔고 있다.

이러한 문화개념에 기초하여 오랫동안 문화비평가들은 '최상의 작품'을 찾는 데 몰두해 왔고, 문화란 결국 가장 뛰어난 것을 판별하고 감상할 수 있는 능력의 훈련을 의미하는 것으로 이해되었다.

세계는 문화적인 소수와 비문화적인 다수로 구분되었고, 문화적 소수의 리더십은 자연스러운 것으로 받아들여졌다. 물론 질 높은 문화와 하급문화가 있는 것은 사실이다. 예술문화와 대중문화도 이런 맥락에서 이해될 수 있을 것이다. 문제는 이 두 유형의 문화는 어느 것도 버릴 수 없고, 각각의 영역을 잘 발전시켜 인간의 문화적 욕구를 잘 해소하고 향유할 수 있도록 만들어 주어야 한다.

하지만 좌파들의 정치적 도구로, 비성경적이며 반인륜적인 문화는 반드시 배격하도록 조치를 취하는 것도 대통령의 몫이다.

매스커뮤니케이션과 대중문화

대한민국은 지난 20여 년간 '한류(韓流)'라는 강력한 문화콘텐츠를 전 세계 특히 동남아에 무차별적으로 공급하였다. 지난 정권인 박근혜 정부 때 이를 위한 전담 기구까지 만들려고 했지만 좌초되고 말았다. 아시아 지역에 있어 매스미디어는 그들 대중이 고립감을 벗어나 사회적 관계를 맺을 수 있는 통로로 기능하게 되었다. 물론 매스미디어에 의존한 사회적 관계는 결과적으로 대중의 고립과 개별화, 원자화를 더욱 심화시키기도 한다. 더 큰 문제는 4차산업혁명 시대로 접어들면서 이 틈바구니에 이번엔 구글, 유튜브, 페이스북, 인스타그램, 카카오와 같은 빅테크들이 들어왔다. 그들은 스스로 지배 권력이 되어 빅테크와 매스미디어를 통해 대중사회를 통제하고 사회적 통합을 이룸으로써 체제를 유지하고자 하는 것이 드러나고 있다. 과대 생산되는 커뮤니케이션 산물들을 통해 시장을 지배하고 집단을 조직화한다.

대중문화와 관련된 첫 번째 질문은, 대중문화는 누구에 의해서 만들어지는가의 문제이다. 유튜브의 환경에서 보자면 각 개인들이 콘텐츠를 만들기도 한다. 하지만 여전히 대중문화는 대중의 경험과 관심의 자율적 표현으로서 대중들 자신으로부터 나오기도 하지만 사회적 통제의 한 형태로서 권력을 가진 집단으로부터 대중에게 일방적으로 부과되고 있다. 규제와 검열이란 방법으로 물꼬를 왜곡시키고 있다. 이를 해소하기 위해선 빅테크의 규제를 법적으로 명문화해야 한다. 누군가의 표현처럼 페이스북의 저커버그는 25억의 대중을 지배하는 인류 최초의 제왕이라는 표현을 할 정도로 이들로 인한 폐해는 점점 커지고 있다.

문화는 한 공동체가 그 스스로를 이해하는 의미 생산의 원천이라면, 그러한 의미 생산의 원천이 특정한 집단에 독점되고 있었다는 것은 많은 역사적 연구가 증명해 주고 있다. 그러므로 통치권자는 당론으로 더 나아가 법률로 채택되도록 공약을 제시해야 한다. 특히 디지털 사회주의 시대가 점점 압박하며 다가오고 있는 이 때에 제대로 된 의식을 가진 대통령이 전면에 나서서 상황을 인식하고 대처해야 할 것이다. 무엇보다 독점을 막아야 한다. 그리고 하나님의 주권[110]이 나타나도록 해야 한다.

인간은 신적인 재능이 없이는 아무것도 경작할 수 없다. 하나님의 문화명령은 모든 인간에게 주어진 것이다. 아담에게 주신 문화명령은 모든 인간을 위한 것이다. 언약의 대표인 아담 안에서 모든 인류는 이 언약을 지키고 수행할 의무가 있다.

만약 최재형 전 원장이 대통령이 된다면 이러한 문화명령을 대한민국이라는 국가적 틀 안에서 잘 적용되도록 만들어야 할 것으로 본다. 이미 급진적 좌파들은 대중문화를 거의 다 장악했기 때문이다.

결론적으로 문화는 가치체계(Value System)를 갖는다. 가치는 어떤 문화에도 내포되어 있다. 그것이 선하든지 악하든지 문

---

110) 인간은 하나님의 형상으로서 자연으로부터 문화를 '창조'하게 되었다. 창세기 1장 26~28절의 명령은 '통치명령' 혹은 '문화명령'이라고도 한다. 아담과 인류가 타락 후에도 상실할 수 없었던 한 가지는 바로 일하는 능력이었다. 죄로 인해 노동이 가중되기는 했으나, 문화적 과업은 그대로 남아 있다. 타락한 인간이라도 문화의 주 하나님의 형상을 지니고 있다(깨어진 형상으로).

화는 그 안에 가치를 포함하고 있다. 선거와 같이 정치에 미디어가 관여하는 정도가 점차 커진다는 점이다. 이제 선거는 미디어 선거라고 할 수 있다. 텔레비전에서 방송되는 선거방송은 유권자들에게 후보자의 자질이나 능력, 정책적인 차별화에 근거하여 투표를 하게 만드는 것이 아닌 후보자의 피상적인 이미지에 따라 투표를 하는 경향이 나타나고 있다. 즉, 미디어는 선거를 일반 프로그램처럼 이벤트화, 쇼(show)화하고, 후보자를 배우화(俳優化)한다는 것이다. 따라서 유권자들에게 이러한 정치적인 목적의 미디어 조작을 정확히 이해하고 올바로 민주권리를 행사할 수 있도록 미디어 교육이 도와주어야 한다는 점이다.

물론 미디어는 변화하는 사회와 문화에 대한 지식과 새로운 태도를 갖게 하는 데 매우 유용한 수단이다. 미디어 교육을 통해 미디어를 활용하는 능력은 물론 미래의 사회와 문화에 대한 비전을 갖도록 해야 한다.

19. 가정과 교육, 성에 대한 철학

가정과 교육 문제

잘 산다는 것의 의미는 무엇인가? 아무리 생각해보아도 우리는 지금 잘 살고 있지는 않은 것 같다. 행복하지가 않다는 이야기다. 어디서 잘못되었을까? 인생에서 가장 중요한 시기인 학교에 다닐 때 이미 모든 행복을 빼앗겨 버리기 때문이 아닌가 한다. 추억과 행복의 저장소요, 원동력이 되어야 할 학창시절에 행복을 만끽하지 못했기 때문에 일평생 우리가 우울하고 불행한 나날을 살아야 하는 것이 아닐까? 적어도 80년대 이전의 우리들에겐 학창시절의 추억이 있다. 그런데 요즘 아이들에게 학창시절은 학원과 과외의 추억뿐이다.

우리는 그동안 '잘살아 보기' 위해 허리띠를 졸라맸다. 그리고 어떤 분의 글 제목처럼 '미꾸라지에서 용이 된 나라'를 이룩했다. 5천 년 이 땅의 역사 이래 처음으로 물질적 가난을 벗었다. 무역 규모로 보았을 때 세계 10위권 안에 진입한 지 오래다. 하지만 우리나라의 행복지수는 부끄러운 수준이다. 지금 우리가 비교하여 배우기를 원하는 덴마크는 유엔 행복지수 조사에서 2012년, 2013년 연속으로 1위에 올랐다. 또 부정부패지수는 세계에서 가장 낮다. 뿐만 아니라 언론 자유도도 가장 높은 나라에 속한다. 수도 코펜하겐은 해가 온전히 뜨는 날이 1년에 50일뿐이다. 그러나 이 작은 나라가 세계에서 가장 살기 좋은 나라로 꼽혔다.

역사를 되짚어 보면 덴마크가 처음부터 살기 좋은 나라였던 것은 아닌 듯하다. 1814년 전쟁에 패해 지금의 노르웨이 땅을 잃었고, 1864년에는 독일에 국토의 3분의 1을 빼앗겼다. 남은 것은 잡초가 무성한 황무지였다. 그런 덴마크를 재건하는 데 가장 중요한 초석을 놓은 사람이 니콜라이 그룬트비 목사 (1783~1872)였다.

어떻게 해서 그룬트비 목사가 피폐해진 조국 덴마크를 일으켜 세웠는지, 그 근원이 어디에서 나왔는지 다 알 수는 없지만, 오늘날 이루어낸 업적들을 살펴보면 짐작은 된다. 그것을 거울삼으려 한다. 그래서 우리의 피폐해진 교육 현실과 해결책을 찾아보고자 한다.

교육은 문제를 타파하는 만능이다. 하지만 교육은 또한 한 나라를 망치는 무능의 원천일 수도 있다. 인류의 역사 속에 학교가 있기 전에도 교육이 있었음을, 교육이 있기 전에도 행복이 있었음을 주지할 필요는 분명히 있다. 즉 학교가 없었어도, 수업이 없었어도 교육은 이루어져 왔다. 학교건물이 없어도 교육은 할 수 있었다. 학교가 만능이 된 순간 역설적이게도 학교는 사라졌다.

누군가 말하기를 학교와 똑같이 생긴 곳이 교도소라고 했다. 곱씹어보니 100%로 공감이 된다. 높은 담장, 쇠로 된 철문, 운동장을 중심으로 ㄱ자로 세워진 건물! 50분 수업과 10분의 휴식, 일정 기간 이상 갇혀 있어야 하는 공간, 단지 집으로 가는 시간만 빼면, 배급과 급식의 차이지만 식사방법도 똑같다.

숲에서 하는 숲속학교, 바다에서 하는 바다학교, 강에서 열 수 있는 강변학교는 세울 수 없을까? 또 겨울이면 스키장으로 온천장으로 옮겨가는 학교, 비행기 안에서 아니면 바다의 유람선 안에서 열리는 이동식 학교는 힘들까? 온 세상이 배움터인데, 꼭 교과서로 배우고 시험을 치는 것만이 실력의 전부일까?

자유로운 학교! 학교 설립이 자유로운, 학교 선택이 자유로운, 더 나아가 교육방법이 자유로운 학교를 우리는 원한다.

발상의 전환이 가장 필요한 곳

여기 어느 외딴 섬마을에 국가로부터 각종 지원을 받는 옷가게가 있다. 그런데 이 옷가게는 한 가지 사이즈의 기성복만을 보유하고 있다. 그 기성복의 디자인이나 색상은 동일하다. 손님이 와서 "사이즈가 다르다" "색상이 마음에 들지 않는다"고 이야기하면, 점원은 "다른 곳에 가서 옷을 사라"고 고압적으로 말한다. 하지만 손님들은 그야말로 '울며 겨자 먹기' 식으로 그 가게에서 옷을 살 수 밖에 없다.

이 이야기는 『대한민국 교육혁명 학교선택권』의 저자인 오호영 박사가 예로 든 이야기이다. 마치 전국적으로 "통일된 교복을 입고 통일된 교실에서 통일된 교과과정만 배워라"고 가르쳤던 일제 강점기와 군사독재 시절과 무엇이 다른가?

때문에 결국 소비자는 기성복을 사서 자신의 체형에 맞도록 길이를 줄이는 등의 수선을 하거나(사교육 의존), 경제적으로 여유가 있는 사람은 아예 기성복을 포기하고 맞춤형의 값비싼 옷을 사 입을 수밖에 없다. 외국 조기 유학이나 대안학교가 그런 예인 것이다.

박근혜 정부에서 추진되었고 문재인 정부로 넘어온 교육정책 중 하나인 '자유학기제'가 현 정부에서 핵심사업으로 추진 중인 이유는 5년 전인 2013년, 42개의 중학교를 대상으로 시범 운영을 시작한 결과 만족할 만한 성과를 거두었기 때문이다.

자유학기제란, 중학교 3년의 과정 중 한 학기를 교과과정 이수와 시험 부담에서 벗어나 진로 탐색과 동아리 활동 등에 집중할 수 있게 하는 새로운 교육과정인 것으로, 수업이 교실에 얽매이지 않아도 된다는 것을 국가와 사회 특히 교육 당국이 이해한 것이다. 그러면 자유학기제의 모델이 된 해외 교육제도 사례는 어떤 것이 있을까?

첫 번째. 영국의 갭이어(Gap Year) : 고등학교 졸업 후, 대학에 입학하기 전 3개월에서 24개월 사이의 기간을 자신의 진로계발을 위해 다양한 활동과 체험을 하는 기간이다.

두 번째. 아일랜드 전환학년제(Transition Year) : 고등학교 과정에 해당하는 '시니어 과정' 전 1년 동안 운영되는 교육과정, 학교별로 차별화된 프로그램을 운영하며 진로 탐색을 돕는 기간이다.

세 번째. 덴마크의 애프터스쿨(After School) : 고등학교에 진학하기 전 여유 있는 시간을 가지면서 자아를 찾고, 진로탐색을 하기 원하는 학생들이 주로 선택하는 일종의 자유 학교이다.

자유학기제가 자유학년제로

자유학기제로 출발한 이 실험은 제2기에 접어들어 이제 자유학년제로 발전하고 있다. 한 학기 동안 시험을 치르지 않고 다양한 체험으로 꿈과 재능을 발견하도록 돕겠다는 취지로 도입된 자유학기제를 이제 중1 자유학년제로 확대하겠다는 것인데 그것은 어쩌면 현실의 벽에 부딪힌 공교육이 마지막으로 선택한 궁여지책이다.

자유학기제의 핵심은 중학교 6개 학기 중 한 학기(1학년 1·2학기, 2학년 1학기 중 선택) 동안 운영되는 교육과정으로 중간·기말고사 등 지필시험은 치르지 않고 자율과정으로 진로탐색, 동아리, 예술, 체육 등 다양한 활동들을 체험할 수 있게 하는 것이었다. 그리고 학교생활기록부에도 점수 대신 서술형으로 기재하도록 하게 하였다.

그러다가 2018년부터 자유학기제가 중1 자유학년제로 확대 적용한다는 것이 교육부의 계획인 것이다.

교육부는 이미 지난 2017년 9월 이 같은 내용을 공개한 뒤 수요를 파악한 결과, 1500개 중학교에서 중1 자유학년제 도입을 원한 것으로 조사됐다고 밝혔다. 이는 전국 3210개 중학교 중 46%에 해당하는 수치이다. 교육부는 "광주·경기·강원 교육청 관내 전체 중학교에서 자유학년제를 도입해 시행할 예정"이라고도 밝혔다.

자유학기제 시행학교는 한 학기 170시간 이상, 자유학년제 시행학교는 연간 최소 221시간 이상 운영하며 학기당 운영시간과 개설 프로그램은 학교에서 자율적으로 결정한다는 취지이다.

교육부는 내년 자유학기제 운영학교에 대해 연간 평균 1,800만 원 내외로 차등 지원하며 자유학년제 희망 학교에는 연간 평균 2,800만 원을 지원한다는 구체적인 예산안까지 발표하기도 했다. 또 자유학년제 이후 한 학기 이상 학생 중심 수업·과정 중심 평가·자유학기 활동 일부 운영하는 학교에는 학교당 연간 평균 700만 원을 추가로 지원할 예정이라고도 한다.

시·도 교육청은 내년 3월 '2019학년도 고입전형 계획' 공고 때, 자유학년제에 참여하는 중1 학생들의 내신 성적을 2021학년도 고입전형에 반영하지 않을 것도 발표할 예정이라고 한다.

하지만 일선에서 일을 맡은 교사들은 불만이 한두 가지가 아니라고 한다. "체험학습을 위한 장소 섭외에 큰 어려움을 겪었다"면서 "직업체험을 위해 현장에 방문하기까지 여러 차례 퇴짜를 맞았다"고 이야기하기도 한다.

또 학부모들의 염려도 한두 가지가 아니다. "아이 꿈이 화가라 미술부에 들어가고 싶었지만 학생들이 몰려 '가위·바위·보'로 결정하고, 결국 적성에 맞지도 않는 수학문제풀이부에 들어갔다"며 "정작 꿈을 키우진 못하고 수행평가만 느는 것 같다"고 토로하였다.

교사들은 교과 수업 외에 자율적으로 체험 프로그램을 짜서 운영해야 하기 때문에 업무가 늘어나고 있어 교사들이 중1 자유학년제에 얼마나 적극적으로 참여할지도 알 수 없는 상황이라는 볼멘 목소리가 벌써 터져 나오고 있다고 언론은 전한다.

댐은 터져 물은 새는데, 임시방편으로 누수공사를 한다고 해결될 문제가 아닌데도 이런 미봉책들이 나오는 것은 학업성취도가 OECD 국가 중 최하위를 기록하고 있기 때문이다.

자유학기제 도입 배경

자유학기제나 자유학년제의 궁극적인 목적은 학생들의 '진로 탐색' 시간의 확대·심화이다. 청소년 시기에는 자신의 소질과 적성을 파악하고 미래를 준비하는 것이 무엇보다도 중요하다. 하지만 정말 안타깝게도, 우리나라 대부분의 청소년들은 주입식 교육에 의존해 온 결과 자신의 끼와 꿈을 제대로 발견할 기회가 마땅치 않은 것이 현실이다.

실제로 한국직업능력개발원이 발표한 2014년 학교진로교육 실태 조사에 따르면 중학생의 31.6%, 고등학생의 29.5%가 "장래희망이 없다"고 말했다고 한다. 그래서 정부가 나서 추진한 해결방안이, 고등학교 1학년 학생을 대상으로 1년 동안 적성 탐색을 할 수 있는 기회를 부여하는 아일랜드의 '전환학년제'와 같은 제도에 관심을 기울이게 된 것이다.

자유학기제의 핵심은 수업의 주체가 교사가 아닌 학생으로 바뀐다는 것이다. 평가 방식도 이에 맞추어 바뀔 수밖에 없다. 기존의 학기에서는 중간·기말고사와 수행평가를 통해 학생들의 성적을 산출했는데. 자유학기제에서는 학생들 스스로 자기 평가를 하고, 학생 간 상호평가를 한다는 것이다. 또한 교사는 생활기록부에 학생들의 수업 참여 태도와 학업성취도에 대해 서술식으로 작성하게 한다는 것이다.

덴마크의 '애프터스쿨'은 일종의 자유학교로, 주로 고등과정 진학 전에 여유 있는 시간을 가지며, 자아를 찾거나, 진로탐색을 하거나, 친구들과 시간을 보내고 싶은 학생들이 주로 선택한다고 하는데. 궁극적인 목적은 앞으로 학생들에게 펼쳐질 사회로 도약할 수 있는 준비를 도와주는 것이다. 그런데 문제는 이러한 자유학년제를 체험시켜주고 잘하도록 도와주는 입시학원이 또 생겼다는 것이다. 부모들은 인식하길 자유학기제나 자유학년제는 결국 고교학점제의 부활도 학생부종합전형에 이것이 기록으로 남게 되면 결국 중학교 생활이 대입에 직결된다고 생각하여 미리 자율학습과 진로탐색에 대한 선행학습을 학원에서 하고 자유학년제를 보내야 한다는 판단이 나오는 것이다. 가뜩이나 포화 상태로 수익률이 오르지 않는 학원가에 새로운 틈새시장을 만들어주고 있는 것이다.

반복되는 악순환

최근 신문기사에는 다음과 같은 이야기도 실렸다.

"'꿈'까지도 선행학습하는 시대가 왔다. 내년부터 전국 중학교에서 시행되는 '자유학년제'와 현 초5가 고1이 되는 2022학년도까지 도입을 목표로 하는 '고교학점제' 때문이다."

그러면 자유학년제가 무엇인가? 일반 학원가에서 이해하기는 학생들이 1년 동안, 참여중심·과정중심 수업을 듣는 것을 말한다. 따라서 수업도 학생의 토론과 발표, 관찰과 실험 등을 중심으로 이뤄진다. 또한, 일부 수업의 경우 학생들이 '직접' 선택할 수 있다. 고교학점제 역시 필수 이수 과목을 제외하곤 학생들이 원하는 수업을 직접 선택해 듣는 교육과정. 두 제도가 안정적으로 정착되면 학생들은 중학교부터 고등학교까지 '흥미와 적성', 즉 진로에 따라 원하는 수업을 선택해서 듣게 되는 것이다.

문제는 자유학기제·고교학점제가 '대입과 직결된다'는 주장이 나오면서 사교육으로 이어질 가능성이 매우 높다는 것이다. 도대체 이게 무슨 말일까? 먼저 고교학점제가 도입되면 사실상 '내신 성취평가제(절대평가제)' 도입이 불가피하다는 것이다. 선택한 학생이 적은 과목에도 상대평가를 적용하면 일부 학생만 좋은 성적을 받게 되고, 이에 학생 수가 많아 성적을 받기에 유리한 과목으로 학생들이 몰리면 고교학점제의 취지 자체가 무색해지기 때문이다. 하지만 현재 교육현장에서는 '내신 절대평가' 뿐만 아니라 '수능 절대평가'까지 논의되고 있는 상황. 이에 내신과 수능 변별력이 약화되면 '학생부종합전형'만이 유의미한 대입전형으로 남게 된다는 것이다.

즉, '적성과 진로'를 골자로 하는 자유학기제의 확대, 고교학점제의 도입, 이에 따른 학생부종합전형의 확대가 맞물리면서 '성공적인 자유학기제가 성공적인 대입으로 이어진다'는 주장이 제기되고 있는 것이다.

'대입에 영향이 있을 수 있다'는 생각에 초조해진 초등 학부모들은 '꿈 찾기' 뿐만 아니라 자유학년제 수업 대비를 위해 벌써부터 사교육 업체의 문을 두드리고 있다. 자유학기제 수업은 주로 토론과 발표, 실험과 관찰, 콘텐츠 제작 형태로 진행되는 경우가 일반적이다. 이에 토론과 발표를 위한 스피치 학원, 실험과 관찰 이후 보고서작성을 위한 글쓰기 학원, 영상 콘텐츠 제작을 위한 컴퓨터 학원 등을 분주히 찾는 것이다. 사교육을 줄여보자는 취지에서 나왔는데, 벌써부터 이에 대비한 학원의 콘텐츠들이 쏟아져 나오고 있는 것이다. 심지어는 아예 자유학년제 수업 방식을 빌려와 학생들을 가르치는 학원도 있다고 할 정도이다. 학원들의 취지는 "학생들이 자유학기제 활동에 어려움 없이 적응할 수 있도록 예비 중학생·중학생을 대상으로 과정중심 수업을 운영하고 있다"는 것이다. 그러면서 "자유학기제가 자유학년제로 확대된다는 방침이 발표된 후 특히 학부모들의 반응이 뜨겁다"고 말했다.

왜 이런 악순환이 계속되는가. 이유는 간단하다. 기존 학교가 진로문제를 틀어쥐고 있기 때문이다. 교육의 완성을 대학으로 보고 대학으로 가는 길을 다양성과 자율성에 맞추어 자유롭게 개방하면 될 텐데. 공교육만이 교육의 전부인 양 전근대적 사고에서 깨어나지 못하고 있기 때문이다.

문제의 근본을 알면 해결은 간단한데, 근본을 쥐고 있는 교육부가 관료적으로 사고하고 있기 때문에 해결책이 없는 것이다. 그러므로 이의 해결을 위해서는 헌법에 명문화하고, 시행을 위한 법을 만들어야 하는 데. 이것은 정치가 해 주어야 할 책임이 있는 것이다.

우리나라는 '교육공화국'이라 불릴 정도로 뛰어난 교육열을 자랑함에도 불구하고 개인적·사회적으로 교육에 쏟아 붓는 온갖 자원만큼의 효과를 거두고 있는가에 대해서는 대체로 부정적이다. 이는 우리 사회에서 '교육'이란 것이 그 사전적 의미, 즉 "사회생활에 필요한 지식이나 기술 및 바람직한 인성과 체력을 갖도록 가르치는 조직적이고 체계적인 활동"이라기보다는 신분 상승이나 안정적 사회적 지위를 얻기 위한 하나의 도구가 되었기 때문이다.

이제 교육은 바람직한 사회생활을 위한 기초라기보다는 개

개인의 생존을 위한, 더 나아가 남보다 우월한 생존적 지위를 획득하기 위한 도구가 되었다는 것을 부정하기 어렵다. 그리고 그 결과는 다들 알다시피 계급처럼 낙인찍히는 서열화 된 학벌과 아이들을 죽음으로까지 몰아넣는 입시 경쟁, 경쟁의 스트레스를 폭력이나 왕따와 같은 비인간적 행위로 풀고 있는 아이들이다. 청소년 자살의 제1 원인이 교육인 사회, 사회에 나가기 위한 기초를 닦아주는 곳이 오히려 사회를 포기하게 만드는 현실. 도대체 무엇이 문제인가? 도대체 어디서부터 잘못된 것이며 어떻게 바꿔나가야 할 것인가?

이러한 의문들이 자연스레 다른 나라로 눈을 돌리게 만든다. 특히 우리나라처럼 교육 문제가 심각한 사회문제가 되고있는 상황이라면, 어느 나라건 성공적인 교육 모델을 보여주는 모델을 찾아 그들의 방법을 잘 살펴볼 필요가 있다. 그래서 덴마크라는 하나의 모델을 중심으로 자유학교법의 제정을 외치고 있는 것이다.

덴마크 교육체계의 특이한 점은 무엇보다 자유학교(Friskole)라고 부르는 대안적 성격의 학교가 대단히 활성화되어 있다는 것이다. 자유학교란 무엇인가? "자유학교는 다양한 유형의 민간 교육기관을 가리킨다. 정부의 교육정책에 영향을 받지 않고, 자체 교육철학과 목표에 따라 교육과정을 운영하는 대안학교이다." 각각의 학교가 나름의 교육 목표를 가지고 그에 따른 교육과정을 운영할 수 있다는 점에서 겉보기엔 우리나라의 대안학교들과 비슷한 측면이 있다. 그러나 세세한 부분으로 들어가면 그 차이가 드러난다.

가정과 교육이 나라의 근간

이승만 시절 우리나라는 초등학교 의무교육을 실시함으로써 문맹을 벗을 수 있었다. 그리고 교회를 중심으로 세워진 무수한 사립학교가 이 나라 교육의 초석을 놓았다. 이제 새로운 대통령은 다시 한번 시대에 맞는 교육 개혁을 해야 한다. 교육의 문제는 곧 가정과 연결이 된다. 가정의 1차적인 목적이 자녀생산과 교육이기 때문이다. 다음 세대를 준비하고 양육하는 가정의 중요성과 교육의 중요성은 아무리 강조해도 부족하다. 하지만 유아기 때의 애착교육을 제외하면 성장기 때의 교육은 간섭하지 않는 것이 교육이다. 그래서 가정으로부터의 자유, 정부 간섭으로부터의 자유가 필요한 것이다. 때문에 자유학교는 각각 자체의 교육 목표와 교육과정을 가지고 운영되며 이에 대한 정부의 간섭은 전혀 없다. 우리나라에도 자율적 교육과정을 가진 비인가 대안학교가 있지만 학력 인정이 되지 않아 상급학교에 진학하기 위해서는 검정고시와 같은 제도를 다시 거쳐야만 한다. 물론 학력이 인정되는 정부인가 대안학교도 있지만, 이 경우 상당 부분 정부의 간섭이 이루어진다. 덴마크의 자유학교는 이러한 제한이 전혀 없다. 국민이 선택 가능한 하나의 교육 방식으로 인정되는 것이다. 덴마크의 학교법도 "학부모와 교육에 대한 권리를 가진 사람들은 공립학교 교육에 상응하는 수업을 스스로 시킬 수 있는 한, 학교에 보내야 할 의무가 없다."고 규정함으로써 교육 방식 선택의 자율성을 폭넓게 보장하고 있다.

교육의 자율성이 인정되다 보니 기존의 교육 방식과는 사뭇 다른 교육이 이루어진다. 학생의 자발성과 능동적 참여 그리고 공동체성을 함양하기 위한 다양한 방식의 혁신적 교육 실험이 가능해지는 것이다. 이러한 실험들은 학생에 대한 신뢰를 바탕으로 이루어진다. "근본적으로 아이들은 세계를 탐구하고 발견하며, 그것에 대해 배우고 이해를 발전시키려는 호기심과 욕구를 가지고 있다. 무엇보다도 아이들은 교사들이 알고 있는 것과는 또 다른 많은 차원에서, 그들이 행하고 스스로 발견한 것으로부터 세상을 배운다." 뿐만 아니라 교사의 역할도 달라진다. "이곳에서는 교사 또한 학생처럼 불완전한 이들이며 실수와 경험을 통해서 배우는 존재로 본다. 교사는 학생들이 경험해야 할 것을 앞서 경험한 덕분에 얻은 노하우를 공유하고 기획할 뿐이다. 교육이라는 테두리 안에서 우리의 삶을 바꾸게 하고 영향을 끼치는 것은 인간이지 책과 자격증이 아니지 않는가!" 248 학생의 자발성과 잠재력을 존중하고 교사와 학생이 서로 동등한 교육 주체로 상호작용하는 교육, 이것이 바로 덴마크의 자유학교가 만들어가고 있는 대안적 교육의 모습이다.

나는 왜 포괄적 차별금지법을 반대하는가?

가정과 교육의 문제에 반드시 짚고 넘어가야 할 부분이 있다. 그것은 성교육과 관계된 것이다. 국가가 나서서 일부러 동성애를 조장하거나 관련법을 만들려고 애쓸 필요는 없다는 것을 대통령은 명확히 해야 한다. 그러한 시민단체가 있고 시민사회 스스로가 통제기능을 가지고 차별금지를 하지 못하도록 하는 것은 옳지만 포괄적 차별금지법의 이름으로 또 다른 역차별을 낳는 법률 등을 제정하는 것은 성경적 가치관뿐 아니라 보통시민의 입장과 건전한 가정의 기능 면에 있어서도 허락해서는 안 되는 부분이다. 그러므로 대통령의 철학 속에는 성 평등이니 차별금지법이니 하는 것에 대한 명확한 소신이 있어야 한다.

다음은 현재 장로교단 총회장인 소강석 목사의 성명서이다. 교회의 장로이기도 하니 교회의 입장을 잘 들어보시기 바란다.

나는 왜 포괄적 차별금지법을 반대하는가?

나는 오래전에 영화 '남영동 1985'를 관람한 적이 있다. 이 영화를 보면서 인권이 얼마나 존엄스럽고 보호받아야 할 가치인가를 깨닫게 되었다. 이러한 인권을 보호하기 위해 김대중 정부 시절 우리나라도 2001년 11월 독립적 국가기관으로 '국가인권위원회'를 설립하게 된 것으로 알고 있다.

그동안 국가인권위원회가 대한민국의 인권 신장에 이바지했으며 인권 선진국으로 발돋움하게 하는 데 이바지한 것은 사실이다. 최근 최영애 국가인권위원장을 만난 적이 있는데 인간적으로는 온화한 분이라는 것을 느낄 수 있었다. 그러나 그런 차원을 떠나서 나는 국가인권위원회가 권고한 포괄적 차별금지법안인 '평등 및 차별금지에 관한 법률안'의 입법을 반대한다.

물론 나는 반대를 위한 반대를 하거나, 교회의 목사 입장에서만 반대하는 것이 아니다. 나는 언제나 열려 있는 사람이고 대화를 통해 소통이 가능한 목사이다. 그리고 나는 동성애자들이 차별받지 않아야 한다는 근본적인 취지에도 동의한다. 내가 이런 이야기를 함으로써 반동성애 진영으로부터 공격을 받은 적도 있다. 그만큼 나는 맹목적인 반대를 하지 않는다. 이 글을 통해 나는 왜 포괄적 차별금지법안의 입법을 반대하는지 그 이유를 명확히 밝히려 한다.

먼저 국가인권위원회에서 조사한 포괄적 차별금지법 여론조사에서 국민 82%가 찬성을 했다고 발표한 것에 문제가 있다고 본다. 왜냐하면 여론조사 이전에 먼저 인권위가 포괄적 차별금지법의 실상을 소상하게 국민에게 설명하고 여론조사를 해야 했는데 그러지 않은 것으로 안다. 나는 많은 국민이 포괄적 차별금지법이 무엇인가를 깊이 모르기 때문에 법안 이름만 듣고 찬성한 것으로 생각한다. 그래서 국민의 이해를 돕기 위해 나는 법학자는 아니지만 평범한 국민의 한 사람으로 그간 공부하고 연구한 차별금지법에 관한 내용을 국민 눈높이게 맞게 설명하고 그 문제점들을 간단히 밝히려 한다.

차별금지법은 두 가지가 있는데 첫째는 차별 사유와 대상의 범위에 따라 특정한 차별 사유만을 다루는 '개별적 차별금지법'이 있고 둘째는 모든 종류의 차별 사유를 다루는 '포괄적 차별금지법'이 있다.

개별적 차별금지법은 그 차별 대상에 따라 다양한 이름으로 제정이 되어 있다. 국가마다 각자의 역사적·사회적 상황에서 문제 되는 특정한 차별 사유와 대상에 따라 다양한 형태의 개별적 차별금지법을 마련하고 있다. 예컨대 장애인차별금지법, 여성차별금지법, 인종차별금지법, 연령차별금지법, 고용차별금지법, 고용평등법, 임신 차별금지법 등등이 그것이다.

그러나 포괄적 차별금지법은 개별적 차별금지법의 차별 사유를 포함해 가능한 모든 차별 사유와 대상을 포괄하는 법이다. 물론 포괄적 차별금지법이 좀 거부감 있다 해서 평등법이라는 이름으로 대체하자는 제안도 있다. 그러나 그게 그것이고 법안의 내용과 문제점은 그대로이다.

좀 더 구체적으로 설명하면 포괄적 차별금지법은 국가인권위원회법 2조 3호에 제시된 차별금지 사유 가지와 기타 사유를 차별하지 말자는 것이다. 그 19가지는 성별, 종교, 장애, 나이, 사회적 신분, 출신 지역, 출신 국가, 출신 민족, 용모 등 신체 조건, 기혼·미혼·별거·이혼·사별·재혼·사실혼 등 혼인 여부, 임신 또는 출산, 가족 형태 또는 가족 상황, 인종, 피부색, 사상 또는 정치적 의견, 형의 효력이 실효된 전과, 성적 지향, 학력, 병력이 그것이다.

그런데 이 19가지 뒤에 '등'이라는 단어를 기재함으로써 더 많은 차별금지 사유와 대상들을 정해놓고 있으며, 실상 6월 30일 국가인권위가 권고한 차별금지법안 시안에는 19가지 외에도 2가지를 추가해 21가지 차별금지 사유와 기타 등을 제시하고 있고, 차별로 인한 불이익에 대한 조치로 3년 이하의 징역 또는 3천만 원 이하의 형벌까지 집행하는 벌칙이 포함되어 있다.

'차별금지'라는 표현이 언뜻 보면 얼마나 그럴싸한가? 이 모든 목적이 인권을 위한 것이라고 한다. 물론 인권이란 존엄스럽고 숭고한 것이다. 사람이 사람으로 태어났으면 사람답게 존중받고 살아야 하는 것은 당연하다. 그러나 이 포괄적 차별금지법은 차별을 금지하는 핑계로 더 많은 절대다수의 사람들이 이 법률에 매이고 더 많은 역차별을 받을 수 있다는 것을 알아야 한다.

그래서 포괄적 차별금지법안은 본래 입법의 취지와는 정반대로 위헌적인 사회적 합의나 동의를 얻을 수 없는 위험한 독소조항이 있고, 불편부당한 처벌조항이 가득하고, 인권위의 무소불위 특별법이라면 이 문제 많은 악법으로 인해 다수 국민이 억울한 고소와 역차별을 당하는 초 갈등과 과유불급의 인간사회 파괴법이 될 가능성이 아주 농후한 것이라 여겨진다.

그래서 나는 법보다는 지금의 개별적 차별금지법이 잘 정착되고 보강되어 포괄적 차별금지법을 입법화하고자 하는 정신과 취지가 성숙한 사회 문화로 발전하는 것이 더 아름답고 화합하는 대한민국을 이룰 수 있다고 생각한다.

차별금지영역을 고용, 재화·용역 등 공급·이용, 교육기관의 교육 및 직업훈련, 법령과 정책의 집행 등이라고 하지만 이것이야말로 전 국민의 일상생활 전반에 적용하는 것이 되어버리고, 21~23가지 이상의 차별금지 사유와 대상에 대해 직접차별과 간접차별, 괴롭힘과 성희롱, 차별표시 조장 광고하는 것을 시정하고 처벌한다는데 보통 어려운 문제가 아니다.

즉, 모든 국민을 차별 대상으로 만들며, 모든 국민의 생활영역을 차별영역으로 규정하고, 모든 국민의 언행 심사 일거수일투족을 차별 사유로 하고, 모든 국민을 가해자와 피해자로, 감시자와 고발자로 만들고, 심판자와 범죄자로 만들어버릴 수 있는 포괄적 차별금지법안에 심각한 우려를 금치 못한다.

입법하는 국회의원들도 보좌진들과의 관계 속에서 사용자와 근로자의 위치로 보면 보좌진들에 차별금지 사유로 인해 번번이 고소당할 수가 있고, 청와대와 모든 정부 기관과 지자체도 그렇다. 언론사와 기업과 학교와 군대에서도 차별금지 사유로 고소를 당할 수 있다. 종교라고 예외가 아니다. 그러니까 모든 국민에게 정말 불편하고 위험하고 부당한 법안이 될 수 있는 것이다.

솔직히 이런 21가지나 23가지 이상의 차별금지 사유와 대상을 어떻게 국민이 다 기억하며 부지불식간 포괄적인 법을 위반하지 않고 살아갈 수 있을까? 차별금지 영역, 차별유형, 차별 시정 조치와 형사처벌과 벌금을 다 알 수 없고, 그로 인한 이해 충돌과 혼란은 어떻게 할까? 그러니까 개별적 차별금지법으로 족하다는 것이다. 그리고 포괄적 차별금지법보다 차별하지 않는 문화와 관습을 만들어내는 것이 오히려 더 좋다고 생각한다.

지금까지 기독교를 중심으로 차별금지법을 반대하는 가장 중요한 이유는 동성애와 동성혼과 관련된 성적 지향과 성 정체성 조항 때문이라고 알려졌다. 맞는 말이다. 건강한 가족과 사회의 기본을 유지하기 위해서라고 동성애와 양성애를 합법화하거나, 남녀만이 아닌 제3의 성을 법제화하려는 차별금지법안의 입법은 반드시 반대하고 막아야 한다.

또한 종교와 표현의 자유를 지키기 위해서도 반대해야 한다. 그러나 그것이 전부가 아니라는 사실을 앞서 설명했다. 나는 좀 더 넓은 패러다임과 냉철한 법안 분석력을 가지고 국가와 국민을 위해 차별금지법의 부당성을 말씀드리고 싶다.

타 종교에서는 차별금지법을 촉구하고 있는데 왜 기독교에서만 반대하느냐고 묻는 사람도 있다. 타 종교도 차별금지법의 실상과 문제점을 알면 반대 입장에 서게 될 것이다. 나라고 해서 왜 인권을 존중하고 차별받지 않는 세상이 이뤄지기를 희망하지 않겠는가? 그러나 국회에서 법이 잘못 제정되면 온 국민이 그 법에 매이고 오히려 그 법으로 말미암아 더 극심한 고통을 받고 초 갈등사회가 이뤄질 수도 있다는 것이다.

최근 정의당이 발의했던 '차별금지법안'과 국가인권위가 권고했던 '평등 및 차별금지에 관한 법률안'은 과거 대에서부터 19대 국회에 이르기까지 7차례나 발의되었다 폐기된 차별금지법안에서, 더 강화된 독소조항까지 포함된 강력한 포괄적 차별금지법안이라고 한다. 그러기 때문에 더 위험천만한 초 갈등 역차별 불화 법이 되지 않을까 심히 염려되어 입법을 반대하는 것이다.

인권위가 세계 많은 나라가 차별금지법을 만들었다고 주장하는데 그것은 사실과 다르다. 차별금지법은 유럽과 남미 몇 나라가 만들어 시행하다가 그 폐해들 때문에 지금은 엄청난 후회를 하고 있다고 한다. 그래서 지금은 그 나라에서 차별금지법의 예외조항을 두고 단서조항을 두는 운동이 개진되고 있는 현실이다. 내가 북유럽을 갔을 때도 직접 확인한 내용이다. 종교와 정치지도자들이 많은 후회를 하고 있었다.

그러므로 이 시점에서 국가인권위원회뿐만 아니라 우리 국회가 잠깐 멈추며 냉정하게 생각해 볼 필요가 있다. 과연 차별금지법은 무엇인가. 왜 차별금지법을 제정하려고 하는 것인가. '차별금지'를 핑계로 하여 헌법이 보장하는 국민의 기본권인 표현과 학문의 자유, 양심과 종교의 자유, 행복추구권 등을 저해하지는 않는가? 더 많은 국민에게 이해 충돌과 역차별과 역평등과 불합리한 법적 처벌이 따르지 않을 것인가?

이런 것들을 다시 한번 깊이깊이 고민하고 생각해 봐야 한다고 충언한다. 만약에 이런 법안이 국회에서 입법이 되어버린다면 입법자인 국회의원들과 대통령부터 국민 한 사람, 한 사람에 이르기까지, 그 당사자가 되어 어쩌면 숨 막히는 감옥 같은 삶을 살게 될 것이다. 그래서 우리 사회는 철저한 감시와 고발과 처벌의 사회가 될 수 있다.

그러므로 인권위와 국회 그리고 정부에서는 차별금지법을 특정 종교의 찬반이나 동성애의 찬반 문제로만 국한하지 말고 입법 학계와 법학자들, 행정전문가들과 사회와 종교지도자의 고견을 들어보고 차별금지법으로 인해 빈대를 잡으려다가 초가삼간을 다 태우는 과유불급의 역차별, 부자유, 사회파괴법이 되지 않도록 입법 과정을 멈추기를 바란다. 이로 인해 온 나라가 심리적, 사회적, 종교적 내전 상태와 같은 초 갈등사회, 초 갈등 국가가 될 수도 있기 때문이다.

다시 한번 요약하면 '포괄적 차별금지법'은 결코 모든 국민에게 바람직하지 않은 악법이 될 수 있다. 이 법 내용에 따라 국민의 기본권과 자유가 크게 제약을 받게 되고, 국가와 모든 국민이 모든 생활의 영역에서 안팎으로 크게 위축되고 억압받을 수 있다. 차별이 없는 사회, 모두가 평등한 삶을 살게 하는 사회를 만들려고 한다면, 거기에 상응한 개별적 차별금지법을 보완하면 된다. 구태여 포괄적 차별금지법이나 평등법을 제정하여 온 국민을 억압할 필요가 없는 것이다.

내가 포괄적 차별금지법의 입법을 반대하는 이유는 기독교의 관점을 넘고 동성애의 찬반을 넘어 철저히 국가와 국민과 다음 세대의 안위와 평안, 진정한 자유와 권리를 위한 것이라는 점을 거듭 강조한다. 또한 우리가 모두 가해자와 피해자와 고발자와 범죄자가 되는 악법을 피하고 우리 사회가 추구할 공공의 가치 구현을 이루자는 입장에서 반대를 하는 것이다.

소 강 석 새에덴교회 목사
한국교회총연합 사회정책위원장
대한예수교장로회총회 부총회장

20. 미래와 4차 산업혁명에 대한 철학

제4차 산업혁명

제4차 산업혁명(産業革命)은 정보통신 기술(ICT)의 복합적 결합으로 맞이하게 될 혁명적인 시대를 말한다. 이것을 제4의 물결, 혹은 제4의 파고(쓰나미)라고 말할 수 있다. 과거 결정적인 시기에 선택을 잘 했던 국가, 개인, 단체들이 역사를 주도했던 것처럼, 지금부터 어떤 생각을 하고 다가오는 물결에 대해 어떻게 대처하느냐에 따라 그 물결 위에서 멋진 서핑을 할 수도 있고, 몰려오는 쓰나미(파도)에 함몰(陷沒)되어 수장될 수도 있는 결과를 맞이하게 될 것이다.

4차 산업혁명이란 18세기 초기 산업혁명 이후 네 번째로 전

환기를 맞은 산업시대를 일컫는 말이다. 4차 혁명의 핵심은 인공지능, 로봇공학, 사물인터넷, 가상현실과 증강현실, 드론과 무인 자동차·항공기 등의 무인 조정 시스템, 그리고 3차원 인쇄(3D 프린터)에 나노 기술의 도입과 같은 많은 분야에서 일어나게 된다. 그 특징은 매우 급진적이고 혁신적인 변화가 나타난다는 것이다. 그러니 대통령이 될 사람은 향후 10년에서 20년 뒤를 내다보며 지금 준비하는 혜안이 있어야 한다. 그래야 미래 먹거리를 위해서 직업을 창출하고 일거리를 만들 수 있기 때문이다. 왜냐면 지금의 직업 대부분은 필요가 없거나 사라질지도 모르기 때문이다.

"제4의 파고(The 4th Wave)"를 준비하는 대통령이 되어야 한다. 4차 산업의 방향을 이해하고 관심 분야를 정해 차근차근 이해하고 정책을 만들어야 할 이유다.

그러면 제4차 산업혁명이란 무엇을 말하는 걸까? 이 용어는 세계경제 포럼[111]에서 처음으로 사용된 용어다. 제러미 리프킨(Jeremy Rifikin)이란 학자가 처음 사용한 말이다. 그런데 이 용어를 갑자기 많이 사용하게 된 이유는 인공지능이 폭발적으로 발전

---

111) World Econmic Forum, WEF

하였기 때문이다.

인공지능, 즉 AI가 폭발적으로 발전하여 더이상 인간의 도움이 없이도 인공지능이 스스로 지능 성장이 가능한 상태가 되는 것을 특이점의 시기라고 한다. 그렇게 되면 모든 인류의 지성을 합친 것보다 더 뛰어난 초인공지능이 출현하게 된다. 인공지능 분야의 과학자이며 미래학자인 레이 커즈와일(Ray Kurzweil)은 이렇게 말했다.

"현재의 인공지능 발전 속도를 고려할 때, 서기 2040년경에 인공지능이 특이점에 도달할 것이며, 특이점 이후 인류는 인공지능에 의해 멸종하거나 혹은 인공지능 나노 로봇의 도움을 받아 영생을 누릴 것이다."

우리가 4차 산업혁명을 '쓰나미', 혹은 '파고(波高)'라고 말하는 이유는, 기술의 새로운 발전은 인류의 문제를 뛰어넘을 수 있는 좋은 기회도 되지만, 반대로 인류 생존의 위기도 동시에 가져올 수도 있다는 점에서 매우 예민하게 준비해야 할 문제이기 때문이다.

우리의 후세대들이 교실에서 배우는 학문들은 그들이 어른이 될 10년이나 20년 뒤에는 어쩌면 별 의미가 없을지도 모를 시대가 오고 있다. 그런 측면에서 지금 여러분이 어떤 생각을 가지고 어떤 선택을 준비하느냐에 따라서 개인들뿐 아니라, 국가, 인류의 미래까지도 생존 혹은 멸망할 수 있을 지경이다. 대통령이 이 미래에 대한 이해와 철학 신념이 없으면, 결국 구한말 시대 상황을 잘못 짚어 열강들의 먹잇감이 된 불운의 역사가 다시 반복되지 말라는 법이 없다.

새로운 쓰나미는 시작되었다.

리더가 중요한 이유는 15세기 콜럼버스의 신대륙 발견으로 스페인이 일약 유럽 최고의 강대국이 된 것에서 배울 수 있다. 스페인의 이사벨라 여왕은 1492년 새로운 시대를 여는 흐름을 읽었다. 그래서 신대륙을 발견하러 가고 싶다는 이탈리아의 탐험가 콜럼버스를 전격적으로 지원하기로 결정했다. 그 결과 역사의 무대는 구대륙인 유럽에서 신대륙으로 옮겨가게 된다. 21세기까지 그 무대는 계속되고 있는데, 흐름을 읽지 못하면 도태된다는 중요한 역사적 교훈을 준 사례이다.

세상이 바뀌고 있다는 말이 실감이 난다. 우리 세대들은 이제 막 디지털이라는 신대륙의 정착민들이 자리를 잡아가던 시기였다. 하지만 지금은 그 신대륙에서 태어난 아이들이 연필을 잡고 종이에 글을 쓰는 것보다 스마트폰의 자판을 두드리는 것을 더 빨리 배우고 있다.

우리 세대들이 태어나 자라던 시대는 3차 산업혁명도 채 자리를 잡지 못하던 시절이었다. 그래서 자기 집에 가정용 전화도 없는 집이 대부분이었다. 전화기를 한 대 집에 놓으려면 집한 채 값이 들었기 때문이다. 그러다가 고등학교를 졸업할 무렵 최초의 386 컴퓨터가 이제 막 보급되기 시작했다. 그때 컴퓨터 한 대의 값은 자동차 한 대 값과 맞먹었다.

그렇게 여명이 밝아온 디지털시대가 40년을 넘기기도 전에 모바일시대를 넘어 인공지능을 탑재한 "초연결 사회"라는 새로운 대륙으로 역사의 무대로 옮겨가고 있다. 누군가는 이 신대륙을 발견하여 옮겨가는 사람도 있고, 누군가는 저물어가는 구대륙에서 사라져가는 역사를 구경하며 자리를 양보해야 할지도 모를 그런 선택의 시대에 우리들이 있다는 것이다.

패러다임의 변화를 이해할 때 미래가 보인다.

새로운 시대가 온다(?), 새로운 물결이 쓰나미처럼 온다고 할 때, 막연한 두려움이나 고민이 없을 수는 없다. 하지만, 우리는 앞으로의 역사를 예측할 수 있는 좋은 선례가 있다. 그것을 역사라고 부른다. 즉 역사를 돌이켜 잘 음미해보면 역사가 바뀌고 시대가 바뀌는 것은 일정한 흐름을 따르고 있음을 알 수 있다. '제4의 물결'을 이해하려면 '제2의 물결', '제3의 물결'을 잘 이해하면 된다. 그러면 '제4의 물결'도 이해가 되고 준비할 수 있다. 더 나아가 '제5의 물결'도 예측해 볼 수 있다. 그렇게 흐름을 읽게 되면 대통령의 선택이 어떠해야 할지 알게 되고, 또 준비하여 도전에 대해 응전할 수 있는 법이다.

'제3차 산업혁명'의 포문을 연 것은 신대륙의 발견으로 설명되는 항해술의 발달과 무역의 발달이라 할 수 있다. 당시만 해도 아프리카와 인도에 막혀 멀기만 했던 아시아로의 항해가 콜럼버스의 항해를 통해 발견되면서 무역이 급진적으로 발달하게 된다. 이어서 동양에 밀리는 무역의 불균형을 맞추기 위해 영국에서는 산업혁명이 일어나게 되고. 그 산업혁명을 우리는 제2차 산업혁명이라고 한다. 2차 산업혁명은 기계기관을 이용한 대량생산 시대를 말하는데, 여기에서 선두주자는 단연코 영국이었다. 영국이 주도한 2차 산업혁명은 제국주의 시대를 초래하였고, 이 산업혁명의 쓰나미에 대응하지 못한 많은 나라들은 식민 지배를 당하는 국가가 되어 오랫동안 신음을 해야 했다. 그런 피해를 입은 나라들 중에 우리나라도 포함된다는 것은 최재형 전 원장도 잘 알 것이다.

그다음 일어난 제3차 산업혁명은 반도체의 발견과 컴퓨터의 발명, 그리고 인터넷 시대의 발달을 통해 정보 기술 시대가 된 현재를 말하고 있다. 다행히 우리나라는 제3차 산업인 정보기술의 혁명을 따라잡았을 뿐 아니라 선도하는 나라가 되면서 우리나라는 경제규모 세계 10위의 경제 대국이 될 수 있었다.

대통령의 가장 큰 역할

대통령의 가장 큰 역할은 무엇일까. 현안도 잘 해결해야겠지만, 결국은 미래를 위한 초석과 준비를 하는 것이 아닐까. 많은 비난과 조롱 속에서도 결코 무시할 수 없는 업적을 가진 이승만 대통령과 박정희 대통령은 나라의 근간을 세우고 미래를 위한 기초를 놓았다는 것이다. 그러므로 새로운 대통령이 될 사람은 지금부터 전개되는 제4차 산업혁명에 대한 준비를 소홀히 하면, 다시 한번 역사의 흐름에 뒤처져서 오늘의 영광이 역사의 유물로 남을 수 있다는 생각을 가지고 이 거대한 혁명적인 쓰나미를 잘 파악하여 지금부터 잘 준비하여야 할 것이다.

'제4차 산업혁명'의 주요 인자는 인공지능 시스템과 바이오테크(의생명과학기술)이다. 그것은 신체적 인간의 오랜 염원인 부(富)와 불로장생에 '혁명적' 기여를 할 것으로 기대되는 반면에, 이제까지의 인간 사회와 '인간' 개념을 근본적으로 뒤흔들 위협적 요소를 포함하고 있기 때문이다.

많은 윤리적·도덕적 요소의 문제점이 있다. 이를 해결해 나가는 것도 대통령의 몫이다. 준비되지 않은 대통령은 필요 없다. 전공 분야까지 알 필요는 없을지라도 반드시 이 부분에 대한 이해가 있어야 한다. 그래야 인재들을 뽑을 수 있고, 더 나은 준비를 할 수 있다.

우리는 '제3차 산업혁명' 과정에서 부와 사회적 발언권이 소수에게 집중되어 중산층이 얇아지고, 일단 밀려난 다수가 상대적 빈곤을 벗어나기가 더욱 어려운, 이른바 '양극화' 현상이 나타났다. 이제 더욱 발전된 인공지능 시스템이 다양한 방식으로 인간사회에 진입할 '제4차 산업혁명'이 진척을 보일수록, 종전의 노동 기반 사회의 구조는 점차 와해될 가능성이 높아질 것이다. 그렇기에 '제4차 산업혁명'의 결과 시민들 사이의 빈부격차가 더욱 심화되는 비인도적 사회가 초래되는 것을 피하고, 생산능력과 소비능력의 선순환을 이룩하기 위해서는 보편적인 국민 복지제도가 수립되어야 한다. 전 국민의 주택, 교육, 의료비는 공동체가 담당하고, 기타 일용할 비용에 대해서는 국민 기본소득 제도를 수립해야 한다. 다른 한편 의생명과학기술의 진보가 인간의 생명과 인체에 관여함으로써 일어날 인간 변이를 방지해야 한다. 우선 인체나 인간 생명을 조작하는 데 활용될 가능성이 크면서도 그 파장을 예상하기 어려운, 신과학기술의 산물에 관련해서는 지적재산권을 제한하고 사유화를 최소화함으로써 개발속도를 조정하고, 그것이 인간의 생명 구조의 변경과 관련이 있는 것일 경우에는 반드시 '기술 시민권'을 확보해야 한다. 더 나아가 '국제 의생명과학 기구'(가칭)를 만들어

생명공학 기술이 핵무기 못지않게 엄정한 국제적 규범 질서 안에서 연구·개발되어 사용되도록 통제해야 한다. '제4차 산업혁명의 시대'에 달리기는 자동차에, 날기는 비행기에, 각종 업무처리는 인공지능에, 산업 노동은 로봇에 맡기면서, 인간이 하는 주요한 일은 이것들을 조정하고 이것들의 일들을 조율하는 것이다. 이를 위해서 인간에게는 균형 잡힌 통찰력, 곧 온화한 지성이 필요하거니와, 이러한 지성은 기민한 지능과는 달리 냉철한 머리와 따뜻한 가슴의 화합에서 배양된다.

21. 기본소득과 교육에 대한 <u>철학</u>

젊은이들을 끌어들일 철학

제21대 대선후보 지지층 분석
*여론조사 케이스탯리서치, 머니투데이-한규섭 서울대 언론정보학과 교수 연구팀 공동 분석

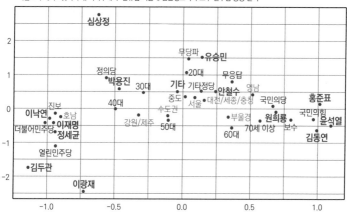

그래픽: 이지혜 디자인기자

제20대 대선 유권자들 중 더불어민주당 주요 후보들의 지지층이 괴리돼 있다는 조사 결과가 나왔다.[112]

그 결과, 제20대 대선 주요 후보 지지층에서 여권 주요 후보들의 지지층이 동떨어져 위치하는 것으로 나타났다. 현재 여권 주자 1위로 꼽히는 이재명 경기지사를 포함해 이낙연 전 더불어민주당 대표, 정세균 전 총리, 김두관 의원의 지지층은 더불어민주당·열린민주당·진보·호남 지지층과 크게 겹쳤다.

여권 유력 주자 중 민주당 이광재 의원과 박용진 의원의 지지층은 이들과 다소 분리돼 있어 주목된다. 40대의 박 의원은 최근 이준석 국민의힘 당 대표 당선으로 정치권에 세대교체가 힘을 받으면서 주요 여론조사에서 약진하고 있는데, 지지기반은 민주당 주요 후보들과 구별된다는 분석이다. 심상정 정의당 의원의 지지층 역시 민주당 핵심 지지층과는 거리감이 상당한 것으로 나타났다.[113]

---

112) 머니투데이 대선 후보 지지층 분석해보니..여권 '고립' 확연 박소연 기자 입력 2021. 06. 21. 20일 머니투데이 더300(the300)이 여론조사업체 케이스탯리서치에 의뢰해 이달 11~12일 동안 전국의 성인남녀 1321명을 대상으로 차기 대선 주자 적합도를 조사한 후, 한규섭 서울대 교수 연구팀과 이를 대응 분석(Response Analysis) 방식으로 분석한 결과, 이같이 나타났다. 지지 성향이 가까울수록 2차원 평면에서 서로 가까운 위치에 놓이게 된다.

113) 이번 분석을 지휘한 한 교수는 "현재 대선 후보들의 지지층을 분석해 보면 범여권 후보들이 다양한 계층의 유권자들과 격리돼 한쪽에 몰려 나온

여권과 달리 야권 후보들의 지지층은 상대적으로 널리 흩어져 하나의 틀로 설명하기 어려운 분포를 보였다. 주요 블록별로 살펴보면, 70대 이상·보수 유권자·국민의힘 지지층은 윤석열 전 검찰총장, 김동연 전 경제부총리, 홍준표 의원, 원희룡 제주지사에 대한 지지도가 높은 것으로 나타났다. 다만 이들 사이의 거리는 여권 주요 후보들보다 멀어 후보들 간 지지층이 보다 다양하게 분포하는 것으로 분석됐다.

유승민 전 의원과 안철수 국민의당 대표는 상대적으로 20대, 30대, 부·울·경, 대전·세종·충청, 서울, 수도권, 무당파, 중도 유권자들의 지지를 받는 것으로 나타났다. 이들의 현재 지지율은 낮지만, 향후 확장성이 높다는 의미다.[114]

이번 국민의힘 이준석 대표선출을 보면서 확인하는 것은 20대·30대의 정치적 욕구가 대단하다는 것이다. 이들을 잘 이해하고 수용하여야 결국 정치에 큰 지각변동을 일으킬 수 있다.

다"며 "이는 현 여권 지지층의 확장성이 약화된 상태라는 것을 보여준다"고 분석했다. 그는 "호남, 더불어민주당, 열린민주당 골수 지지층의 지지만 받고있는 상황"이라고 설명했다.

114) 한 교수는 "지지율이 높은 윤석열 전 총장과 이재명 지사 모두 지지층이 극단적인 분포를 보이는데, 전통적인 여권·야권 지지층이 아닌 중도층은 확실히 사로잡지 못했다고 볼 수 있다"며 "결국 가운데 있는 중도·수도권 유권자들을 누가 지지층으로 흡수하는지 여부가 내년 대권을 바라보는 관전 포인트가 될 것"이라고 밝혔다.

기술혁신이 만든 노동혁신

헨리 포드는 그 당시 집값보다도 비싼 자동차를 대중화시키기 위해 자동차 대량생산의 꿈을 가진다. 그 꿈은 1903년 최초의 대량생산 라인에 의한 자동차 조립 공장을 세우는 선택으로 나타났다. 농부의 아들로 태어나 소년시절부터 기계에 흥미를 가져 학업을 중단하고 15세 때 기계공이 되어 자동차 제작에 몰두하여 결국 기술혁신을 노동혁신으로 바꾸어 대량생산 대량소비의 시대를 열었다.

그가 자동차를 발명한 것은 아니다. 그런데 그는 근대적 대량생산방식에 의하여 자동차를 대중화하였다. 기술혁신 개인수공업에서 가내수공업으로 그리고 소규모 공장에서 자동생산 라인에 의한 대량생산으로 노동혁신을 이루었다. 당시 희극배우였던 찰리 채플린은 포드의 생산 라인이 노동자들을 기계부품화했다고 풍자하여 인기를 끌었다. 하지만 포드의 컨베어벨트식 대량생산 라인은 노동자들을 단순부품 조립자들로 만들었다. 이때부터 모든 노동의 가치는 단위 시간당 생산량으로 바뀌었다. 초단위 경영이라는 말로 생산성 독려를 기업은 최고의 경영으로 여겼다. 여기서 가격경쟁력이 생기기 때문이다.

노동자 중심에서 로봇 중심으로

노동력 착취라고 여긴 많은 사람들에 의해 노동자 중심의 사회주의가 태동한다. 사회주의 국가로 바뀌지 못한 나라들도 노조의 파워는 경영에까지 깊은 영향력을 행사하게 된다. 이에 대한 여러 가지 대안 중의 하나로 자동화 생산 라인으로 설명되는 로봇화에 박차를 가하게 된다. 1900년대 당시 헨리 포드는 대량생산을 위한 포드 시스템을 도입하여 1일 1,000대까지 양산이 가능하게 되었다. 지금은 로봇을 이용해 그 열 배도 가능하다. 문제는 노조의 반발과 일자리의 증발 문제로 기업들은 충분히 완전 자동화 라인을 구축할 수 있음에도 불구하고 망설이고 있다.

포드가 당시 여러 개의 작은 자동차 회사들을 제치고 자동차 왕국을 이룰 수 있었던 것은 벨트 컨베이어 시스템인 일괄 생산 방식의 어셈블리 라인을 구축했기 때문이다. 그 결과 대량으로 T형 자동차를 생산하여 저렴한 가격에 공급할 수 있었고, 경쟁사들은 도저히 포드의 생산성과 가격경쟁력을 따르지 못하였기에 일등은 항상 포드자동차였다. 그런데 이 컨베이어 벨트 형식의 생산 시스템은 헨리 포드가 자동차와는 전혀 관련 없는 시어스 로벅이라는 통신판매회사(시어스 로벅 백화점의 전신)에 들렀다가 목격한, 주문받은 편지들을 분류하기 위해 만들어 놓은 컨베이어 벨트 때문이었다. 그곳에서는 여러 곳에서 온 주문서

양식을 분류하기 위해 컨베이어 시스템을 돌리고 있었는데 그것에서 착안하여 자동차를 만드는 공정을 세분화해서 자동차 생산을 하도록 고안한 것이다.

포드가 고안해 낸 컨베이어 벨트 시스템의 자동차 생산 공정은 노동집약적 산업의 총아였다. 하지만 이제 그 노동집약적 산업이 노조 활동의 활성화로 말미암아 대부분 위기를 맞고 있다. 엎친 데 덮친 격으로 인공지능과 로봇산업의 발달이 순수 노동시장을 위협하고 있다. 사주는 점점 유리해지고 노동자들은 점점 입지가 줄어든다. 이러한 때를 대비해 이제는 전 국민이 노조원이 되는 국민노조의 시대가 도래하고 있다.

성큼 다가온 로봇자동화 생산시대

노동집약에서 노동해방의 시대로

국민노조란 무엇인가? 한 마디로 인공지능과 로봇이 노동을 거의 대부분 담당하는 시대가 되면 노동자 한 사람 한 사람이 로봇의 소유주가 되는 제도를 만들어 로봇이 일한 대가를 기본소득으로 받는 시대를 만들어야 한다는 말이다.

그렇게 해야 할 이유 중 하나는 귀족노조 때문이다. 노동집약적 중심사회에서 블루칼러들은 늘 사회적 약자의 자리에 있었다. 하지만 강경한 투쟁과 파업 등으로 몇몇의 사업장엔 흔히 말하는 귀족노조가 포진하게 되었다. 기득권을 쥔 이들은 각종 사회적 이슈에 정치적 행동을 해서 이미 가진 기득권을 내려놓지 않고 있다. 이 때문에 대한민국의 효자산업이었던 자동차 산업이 위협을 받고 있다.[115]

---

115) 머니투데이 김남이 기자의 취재에 따르면 5만 조합원의 대표를 뽑는 선거 때는 차(車)공장도 멈춘다고 한다. 그는 [MT리포트]를 통해서 "현대차 노조가 사는 그 세상…한국사회의 축소판"이라고 힐난하면서 2019년에 있었던 노조위원장 선거를 꼬집었다. 영상을 통해 치러진 유세는 4명의 지부장 후보자가 벌였다. '단결·투쟁'이 쓰인 붉은 머리띠를 하고 '조합원 동지'를 외쳤다. 이들은 출퇴근 시간에도 기호가 적힌 조끼를 입고 선거운동을 한다. 선거 운동에는 학연, 지연, 혈연을 넘어 각종 SNS와 화장실 낙서까지 총동원된다. 선관위 예산만 1억 원이고 후보당 억대의 선거자금을 사용하는 것으로 알려졌다. 선관위는 "노조위원장 선거가 흑색선전과 상호비방이 난무해 혼탁해지고 있다"며 경고까지 하고 나섰다. 당선된 지부장은 2년 임기 동안 노조와 회사의 미래까지 좌우할 수 있는 막강한 힘을 얻는다고 한다. 웬만한 국회의원보다 힘이 세다는 이야기가 나올 정도다.

이제 곧 노동해방의 시대가 온다는 것을 대통령이 될 사람은 알아야 한다. 이미 자본 소득가나 로열티 소득가들은 노동에서 자유를 만끽하고 있지만 대다수의 시민들은 노동에서 자유를 누리지 못하고 있다.

귀족 같은 삶을 일부 부유층만 누려야 할 이유가 어디 있는가. 진정한 로봇 시대가 되면 어쩌면 모든 시민이 로봇을 노동자로 두고 귀족 같은 삶(?)을 살지 못할 이유는 없는 것이다.

이제 점점 제4차 산업혁명이 가속화되어 전체 산업의 70~80%가 인공지능과 로봇으로 대체된다면 자연스레 노동의 해방은 올 수밖에 없다. 이것을 실험해야 하는 것도 이 시대 지도자들의 몫이다.

국내 기업 중 최대 규모인 현대차 노조에는 대한민국이 녹아 있다. 가파른 성장과 민주화 과정을 거쳤고 계파간 치열한 권력 다툼도 있다. 늙어가는 조직 구성까지 인구 고령화를 겪는 한국의 모습을 닮았다.

강성노조의 퇴조와 국민노조의 부상

고령화와 차세대 자동차 전환은 현대차 노조의 변신을 요구하고 있다. 2025년까지 은퇴자만 15,800명에 이른다. 전 조합원의 30% 이상이 앞으로 5년 안에 회사를 떠나야 한다. 게다가 가솔린, 경유 등 기존 내연기관 차량을 급속히 대체하고 있는 전기차는 부품이 적고, 그만큼 조립인력도 덜 필요하다. 독일 폭스바겐이 전기차 생산 증가에 맞춰 2023년까지 8,000명 감원을 예고했다. 현대차라고 예외일 수는 없다. 현대차 성장과 함께 연 소득 9,000만 원의 고소득자가 된 현대차 조합원의 투쟁은 대중의 외면을 받기 시작했고 급기야 '귀족노조'라는 오명을 쓰기도 했다. 노조 내부의 비리 사건도 이런 시선에 한몫했다.

자동차의 기술변화에 능동적으로 대처하고, 전기자동차와 같은 첨단 자동차의 빠른 생산을 위한 전초기지를 만들 때에 로봇에게 로봇세를 물려야 한다.

기본소득의 재원은 로봇세

제4차 산업혁명의 요체는 인공지능과 로봇이 만들어내는 노동해방의 시대가 도래한다는 것이다. 로봇에게 일자리를 빼앗긴다는 개념이 아니라 기업이 운용하는 로봇 하나하나를 인력을 대체하는 수단으로 보면서 로봇에게 갑근세를 부과하듯이 로봇세와 인공지능세를 붙이는 것이다. 지금 미국에서도 거대 플랫폼을 가진 흔히 말하는 빅테크 기업들에게 기본인공지능세를 물리려고 하고 있다. 왜냐면 인공지능은 기본적으로 각종 유저(User)들이 제공하는 콘텐츠를 바탕으로 딥러닝을 통해 인공지능이 발달하기 때문이다. 유튜브만 해도 유튜브는 플랫폼만 제공할 뿐 정작 콘텐츠를 생산해 내는 것은 개개인이기 때문이다. 구글은 유저들이 제공하는 노력에 천분의 일도 안 되는 금액을 시청료로 지불하고 있다. 명백히 불공정거래인 것이다. 이들 플랫폼 인공지능체에 이미 부과하는 법인세 외에 별도로 인공지능세를 부과하여 더 많은 사람들에게 이익이 공유되게 해야 공정한 것이다.

로봇세 논란

로봇세(Robot Tax)란 자동화 설비를 이용해 근로자들의 일자리를 뺏는 회사들에 매기는 세금을 의미한다. 2017년 MS 창업자인 빌 게이츠가 미국의 IT 전문지 〈쿼츠(Quartz)〉와의 인터뷰에서 "인간의 일자리를 대체하는 로봇에게도 세금을 매겨져야 한다"고 주장하면서 공론화됐다.

일각에서 로봇세와 인공지능세를 거두자는 논의에 대해 반대하는 목소리도 있다. 이것은 앞서 예로 들었던 헨리 포드 자동차의 예에서처럼 필연적인 노동혁신의 시대가 열리고 있음을 의미한다. 자본을 가진 기업들이 대량생산을 위해 인공지능과 로봇에 의해 생산 라인을 전체적으로 만들어 노동자들을 도태시킨다면 이는 분명히 노동시장의 왜곡이 올 것이다. 이를 해소할 방법은 단위공정당 1인의 역할을 로봇에게서 계산하여 내어 로봇에게 지금과 같은 갑근세를 부과하는 방법이 옳을 것이다. 다만 로봇에게는 4대 보험이 필요 없는 만큼 기업은 무한정 로봇을 이용한 생산을 하든 말든 로봇세를 정당하게 내고, 또한 인공지능세를 정당하게 내고 생산성 향상을 꾀할 것이다.

기본소득

일하고 싶어도 일하지 못하는 사람에 대한 국가의 역할을 더욱 중요해지게 된다. 크게 보아 로봇으로 인한 추가 이익을 얻는 경우 세금을 더 내게 하고 그 세금을 로봇으로 일자리를 잃는 자에게 재정지원이 이뤄진다면 세제가 소득재분배의 역할도 할 수 있다고 강조했다. 하지만 이러한 분배의 문제가 아니라 기업은 1로봇을 증권주식의 개념으로 환산하여 일반 시민들로 하여금 주식에 투자하듯이 로봇 공정 라인에 대한 소유권을 주장하게 할 수도 있다. 그러면 기업은 더 확실히 눈에 보이는 실물로 투자자들을 더 유치할 수 있고, 투명하게 로봇세를 통한 기본소득을 제공할 수 있게 되는 것이다.

빌 게이츠가 가장 먼저 로봇세 주장을 했다. 그는 로봇으로 인해 일자리 감소, 세수 부족 등의 부정적인 영향을 완화할 필요가 있다고 보고 로봇세 도입 찬성론을 펴고 있다.

반면 반대론을 펴고 있는 학자들은 과세대상 로봇의 정의가 어렵고 로봇산업의 발전을 저해할 수 있다고 지적했다. 특히 로봇의 도입으로 생산성을 증대시킨 기업은 이미 법인세로 세금을 부담하고 있어 로봇세가 이중과세가 될 수 있다는 주장이다.

그러면 노동을 잃어버린 개인은 어떻게 할 것인가. 지금도 노동하지 않고 다양한 방법으로 소득을 얻는 사람들이 있다. 우리는 이들을 '골드컬러'라고 부른다. 저작권 수입자. 증권주식 투자자. 현물옵션 투자자, 지주 및 임대수입 소득자. 여기에 한 가지 더 추가되는 것인 로봇 소유자 혹은 로봇세를 통한 기본소득 혜택자들일 것이다.

2018년 LG경제연구원은 "인공지능에 의한 일자리 위험 진단' 연구보고서에서 자동화로 인해 텔레마케터, 통신서비스·

인터넷 판매원, 사진인화·현상기 조작원이 99% 일자리를 잃을 것으로 예상했다. 관세사와 회계사·세무사의 타격도 컸다. 관세사는 98.5%, 회계사·세무사도 95.7%의 일자리를 잃을 것으로 내다봤다. 반면 변호사는 3.5%, 영양사, 전문의사, 장학관·연구관 및 교육 관련 전문가도 0.4%만 영향이 있을 것으로 전망했다.

4차원 혁명시대 교육으로 다양한 창의력자들 길러야

우선 로봇에 대한 소득과세는 로봇 자체를 소득세 납세의무자로 할 수 있으나, 이 경우 소득세법의 납세의무자 개정이 필요하다. 납세의무자가 되는 로봇의 정의를 명확하게 하고, 로봇을 통해 버는 소득에 대한 계산이 명확하게 나와야 한다. 그리고 시범적으로 이러한 기본소득을 창의적인 활동을 하는 작가와 창작자들에게 먼저 지급하고, 그다음 종교활동가와 시민활동가들에게 우선 실시하여 이들이 도덕적, 영적 지능 창의적 지능을 끌어올리는 매개체로 사용하다. 예술인 30만 명과 종교인 30만 명이 우선 시범지급 대상이 될 것이다. 이들은 분명 무엇인가 사회에 도움이 되는 일을 하긴 하는데, 정당한 노동으로 인정받지 못하고 있는 취약계층이기 때문이다. 이들이 우대받는 사회가 되면 사람들은 점점 더 단순 노동보다는 영적·도덕적·창의적인 일에 관심을 가지고 더 공부하고 심층적인 연구를 하게 될 것이다. 이러한 창의력이 인공지능의 발달에 더 도움을 줄 것이고 또한 로봇과 사물인터넷 시대의 아이디어를 더 만들어 낼 것이기 때문이다.

2045년이 되면 특이점의 시대가 온다. 이때를 부정적으로 보자면 인간의 종속화이다. 하지만 영적·도덕적·창의적인 영역을 강하게 인간이 지배한다면 인류가 한 번도 경험해보지 못한 신세계를 만들 수 있을 것이다.

대한민국은 이미 확보된 대단의 IT.BT.ST의 인프라로 세계 최초의 로봇세 도입과 인공지능세 도입, 그리고 여기서 얻어지는 소득으로 콘텐츠 제작에 직간접으로 수고하는 사람들부터 기본소득을 실시하다가 점점 세수가 많아지면 전 국민 기본소득제를 실시하는 나라가 될 것이다. 그런 나라엔 좌파도 우파도 별 의미 없는 논쟁이 될 것이다.

4차산업 도미노 전략

일론 머스크가 세계적인 기업을 일으켜 나가는 방법을 도미노 전략이라고 한다. 그 방법은 작은 도미노 블록부터 시작한다는 것이다. 그리고 작은 블록이 조금 더 큰 블록을 쓰러뜨릴 수 있도록 블록을 차례대로 배치하는 것이다. 예를 들면 지금 할 수 있는 최대한 간단한 사업 아이디어를 구상해서 시작한다. 그런 다음 그 작은 사업체가 만든 제품을 구입할 수 있는 고객 한 명을 찾아 확보한다. 그런 다음 다시 5명의 고객을 찾는 방식이다.

처음부터 너무 큰 블록을 놓는다면 그것은 절대 쓰러지지 않을 것이 분명하다. 하지만 작은 블록부터 큰 블록으로 조금씩 쌓아놓다 보면 처음 출발한 블록의 35배까지 큰 블록을 넘어뜨릴 수 있다.

지금은 '아메리칸 드림'의 원조인 아메리카 신대륙은 어떻게 하여 콜럼버스에 의해 발견되었을까? 가장 큰 원인은 선택의 순간을 잘 포착해서 실패를 두려워하지 않고 올곧게 일을 밀고 나갔던 두 사람, 즉 콜럼버스와 스페인의 이사벨라 여왕이 의기투합했기 때문이다. 선택이 때로는 희생을 요구한다고 해도 그 희생을 감수하겠다는 용기와 또 용기를 응원하는 위대한 지도자가 만날 때 역사는 바뀌고 물결은 누군가에게 지름길을 만들어준다. 하지만 도태되는 누군가는 함몰되어 존재조차 없이 사라지고 마는 것이 역사다.

사람들은 콜럼버스는 잘 안다. 하지만 그를 믿고 과감한 결단력으로 후원을 해주었던 스페인의 이사벨라 여왕은 잘 모른다. 마치 스티브 잡스는 잘 알지만 스티브 잡스를 후원한 스티브 워즈니악은 잘 알지 못하고 있는 것과 같다. 끝 모르는 상상력의 소유자 애플의 창업자 스티브 잡스는 이제 교과서에도 등장하는 인물이 되었다, 하지만 초창기 애플의 시제품을 원하는 대로 만들어낸 스티브 워즈니악이 없었다면 디지털시대를 연

스티브 잡스는 없었을 것이라고 보는 사람이 많다.

워즈니악은 아버지에게서 기초물리학과 회로설계를 배웠다고 한다. 그는 항상 세계 최초의 제품을 만들고자 하는 열망으로 가득했던 괴짜였다. 잡스가 아이디어를 내고 꿈을 꾸면 그것을 제품으로 만들어냈다. 워즈니악이 있었기에 디지털 신대륙의 황제 스티브 잡스가 있을 수 있었던 것이다. 마찬가지로 콜럼버스의 망상에 대해 인정해주고, 인도항로 탐험에 대해 전격적인 지원을 한 사람이 여왕 이사벨라 1세다. 그녀는 두 왕국을 통일한 에스파냐 왕국을 남편과 공동 통치하였던 대단한 여제(女帝)였다.

당시 꿈에 부풀었던 이탈리아의 탐험가 콜럼버스는 여러 나라의 군주를 찾아가 애원했다.

"신에게 새로운 인도의 항로를 발견할 수 있는 항해 자금을 지원하여 주옵소서. 신항로를 발견하여 금과 향료를 얻게 되면 절반을 왕에게 바치겠나이다."

참으로 여러 나라의 왕들과 부자들에게 애원했지만, 유럽의 그 수많은 나라의 왕들은 그를 거들떠보지도 않았다. 하지만 이사벨라 1세 여왕은 콜럼버스의 용기 하나만을 믿고 거금을 후원하기로 결정하게 된다. 결국 콜럼버스가 아메리카라는 신대륙을 발견하게 되자 그녀는 새로운 땅을 차지하게 되는 놀라운 결과를 얻을 수 있었다.

선택은 단 한 번이지만, 결과는 영속한다

2022년 제20대 대통령 선거를 불과 7개월 앞두고 있다. 지금 다시 선택의 순간에 우리는 놓였다. 꿩잡는 게 매라고 또 어줍잖은 인사를 뽑으면 결국 역사는 5년간 또 후퇴한다.

이사벨라 1세의 지원으로 제1회 항해의 출발은 1492년 8월 3일이었다. 출발한 지 두 달이 조금 넘은 10월 12일에 현재의 바하마 제도(諸島)의 와틀링 섬을 발견했다. 이어, 쿠바 히스파니올라(아이티)에 도달해 이곳을 인도의 일부라고 생각하고, 히스파니올라에다 약 40명의 군인들을 남겨 식민지로 삼았다. 그리고 1493년 3월에 일시 귀국하게 되는데, 출발 전 계약에 따라 여왕 부부로부터 '신세계'의 부왕으로 임명되었다.

당시 그가 가져온 금제품이 전 유럽에 센세이션을 일으켰고, 이때 그를 헐뜯는 사람들에게 말했던 '콜럼버스의 달걀'이란 일화는 수많은 책에 실리기도 했다. 선지자는 항상 모함과 질시를 받는다는 사실을 여실히 보여주었다. 한 나라와 국민을 이끌고 가야 하는 대통령은 결국 선지자의 역할도 마다하지 않아야 한다.

콜럼버스의 두 번째의 항해는 몇 년 후의 일이었다. 17척의 배에다가 1,500명의 선원으로 꾸려진 대(大)선단을 이끌고 신대륙 개척의 역사를 쓰기 위해 다시 출발했다. 후일 콜럼버스의 이름을 따라 신대륙 곳곳엔 그의 이름이 붙여진다. 사우스캐롤

라이나 주의 주도는 '컬럼비아(Columbia)', 오하이오 주의 주도는 '콜럼버스(Columbus)' 등 각주의 주도에서 그 이름을 많이 찾아볼 수 있다. 미국의 수도인 워싱턴 역시 '워싱톤 D.C.' 라고 하는데 이것은 초대 대통령 조지 워싱턴과 컬럼비아 특별구(District of Columbia)의 약자를 합한 것이다. 또한, 1595년에 스페인 이주민이 최초로 이주해 식민지를 건설하여 1810년 독립한 나라 콜롬비아(Colombia)도 콜럼버스의 이름에서 비롯된 것이다.

역사의 흐름을 이해하지 못하면, 역사는 기다려주지 않고 먼저 가버리고, 흐름에 도태되는 나라나 민족, 기업과 개인은 역사의 황혼 속으로 사라져 아무도 기억하지 못하게 된다.

역사의 흐름을 잘 읽으면 다음의 역사가 어떤 방향으로 흘러갈지를 알게 되는데, 이때 직관의 통찰력과 지혜로써 최선의 선택을 하여 역사의 올바른 방향으로 가야 한다. 그런데 그 변화를 제대로 읽지 못하고, 생각 없이 그저 남이 차려주는 밥상이나 받아먹겠다는 생각을 가지고 안일하게 정치를 하려고 해서는 안 된다.

역사의 흐름을 이해하였다면, 대권을 잡으려는 자는 실력을 갖추면서 기다려야 한다. 준비하고 기다리는 자에게 기회는 반드시 온다. 행운은 모든 사람에게 골고루 찾아온다. 그러나 그것을 붙잡는 사람은 많지 않다. 이사벨라 여왕과 같이 기다리는 자에게 대권의 기회는 온다. 평생의 삶을 남에게 귀감이 되는 올곧은 자세로 살아오면서 때를 기다려 온 최재형 전 감사원장에게 축복이 있을 것이다.

서울대 법대. 시법고시 나란히 합격
"인간애(人間愛) 실천했을 뿐"

최재형 감사원장 ⓒ조선일보

【뉴스제이】최재형 감사원장(서울대법대 79년 졸업)의 학창시절 감동이야기가 눈물과 감동을 준다.

소아마비로 일어서지도 못하는 친구 강명훈(변호사 / 서울대 법대 80년 졸업)을 고등학교 시절부터 업어서 등하교시키며 같이 공부했고, 같이 서울대 법대 합격한 후, 또 같이 사시에 합격한 친구의 우정이야기가 1981년 화제가 되면서 조선일보를 통해 기사화가 되었다.

당시 취재했던 조선일보 김효재 기자는 "우정이라고 표현하기에는 너무 벅찬 인간애의 고뇌들이 있다."라고 두 사람의 벅찬 인간애와 신앙에 대해 말하고 있다.

그리고 최근 최재형 감사원장을 심층취재(월간조선 10월호) 했던 월간조선 최우석 기자는 "작은 자, 보잘것 없는 자를 진심으로 섬기는 사람"

이라고 평했다. 그리고 "최재형 원장을 이해하는 데 필요한 중요 키워드 중 하나를 고른다면 그의 종교다. 최 원장은 독실한 크리스천이다. 최재형 원장 지인 중 상당수가 최재형 감사원장을 평가할 때, 종교와 연결지어 설명하곤 했는데, 그만큼 기독교 정신은 최재형 원장의 인격을 형성하는 데 큰 요소로 작용했다."라고 말했다.

최재형 감사원장이 교회를 다니게 된 배경엔 부모가 있었다. 아버지 최영섭 대령과 어머니 정옥경 여사가 동교동 인근 신촌교회에 출석했다. 최재형 감사원장도 자연스럽게 신촌교회를 다녔고, 신촌교회 장로가 되었다. 최 원장은 '감사원장'에 임명된 후, 휴무(休務)장로가 됐다. 이유는 감사원장이라는 자리가 주는 중립성을 지켜야 하고, 국정에 바빠 교회 봉사를 소홀히 할 수 있다는 생각에서다. 아내 이소연 여사도 신촌교회 권사다.

최재형 원장은 신촌장로교회에서 '평생지기' 강명훈(姜明) 변호사를 만난다. 그들의 피보다도 진한 우정은 1981년, 두 사람이 나란히 사법고시에 합격했을 때 큰 화제를 낳았다.

최재형 감사원장이 경기고등학교 학창시절, 친구 강명훈을 업어서 등하교시키며 같이 공부했다. 서울대 법대를 합격 후, 사시에 같이 합격한 우정이야기는 강명훈이 보인중 3년, 최재형은 경기고 1년에 재학중이던 72년 봄에 처음 만나 시작되었다. 둘 다 교회에 다니던 이들은

'신촌장로교회' 청년부에서 만나 신앙에 대한 이야기를 나누면서 가까워졌다.

학년은 최재형이 하나 위였으나 나이는 명훈과 동갑이었다. 경기고에 다니던 최재형은 이왕이면 명훈이가 자기가 다니는 경기고에 입학해서 같이 도와가며 공부할 수 있도록 해달라고 하나님께 간절히 기도했다.

기도는 응답되었고 명훈이는 경기고에 추첨이 됐다. 중학교 때까지는 어머니가 업어서 등하교를 시켰다. 하지만 이제는 일어설 수도 없는 몸으로 만원버스를 타고 등하교를 해야 했다. 그런 명훈이에게 재형은 스스로 지팡이가 되리라 마음먹었다. 재형으로서는 하나님이 자신에게 사랑을 실현할 기회를 주신 것으로 여겨졌다.

하나님의 은혜 아래 열심히 노력한 끝에 최재형은 75년에, 강명훈은 76년에 서울대 법대에 입학했다. 명훈이는 기숙사에 들어갔다. 재형은 눈이 오는 날이면 명훈이가 강의실까지 가기 어려울 것이라며 아침 일찍 명훈을 찾아가 도와주곤 했다. 그런 헌신적인 친구 재형을 볼 때마다 명훈은 "사랑을 보는 것" 같은 뭉클한 느낌을 어쩔 수가 없었다고 그때마다 명훈이는 성경 로마서에 나오는 구절을 외웠다고 한다. 바울의 빚진 자 마음으로…… "헬라인이나 야만인이나 지혜 있는 자나 어리석은 자에게 다 내가 빚진 자라" (로마서 1:14)

1년 먼저 졸업한 재형이는 두 번 고시에 응시 했으나 낙방했고 명훈이도 한 번 고배를 들었다. 실망하지 않고 서로 격려하며 보낸 1년의 두터운 우정은 인간애로 승화시키면서 둘은 끝내 나란히 사법고시에 합격했다.

최재형 감사원장의 이런 헌신적인 사랑은 천성이라 생각된다. 월간조선 최우석 기자의 최재형 감사원장 인터뷰(월간조선 2020년 10월호)에서 최 원장의 또 다른 사람 사랑 이야기가 있다. 그것은 두 아들 입양이야기다.

최재형 원장 부부에게는 두 딸이 있고, 그 밑으로 아들 둘을 각각 2000년(장남)과 2006년(차남) 입양했다. 흔히 '가슴으로 낳아 기른다'고 표현하지만, 이는 쉬운 게 아니다. 게다가 최재형 원장 부부는 한 명이 아닌 둘을 자녀로 받아들였다. 여기엔 어떤 사연이 있는 걸까. 최영섭 대령이 말하는 '입양 스토리'다.

"며느리(이소연씨)가 서울 동대문 근처에 있던 고아(孤兒)들을 기르는 기관에서 봉사를 했어요. 거기서 핏덩어리를 맡아 1년 정도 봉사 차원에서 키웠는데, 그때 정이 많이 들었나 봐요. 그래서 결심을 한 거죠. 그렇게 받아들인 아이가 지금의 둘째 아들이에요. 내가 재형이한테 그랬어요. '네 나이가 이제 50줄에 접어드는데 괜찮겠냐'고요. 재형이 부부는 이미 결심을 굳힌 것 같더라고요."

최영섭 대령은 손자에 대해 이렇게 말했다.

"재형이 첫째 아들이 나처럼 해군에 입대했잖아요. 근데 이 녀석이 사격에서 1등을 했다고 그러더라고. 나중에 갑판병으로 배정될 때에도 10등 이내로 들어갔다고 하대요. 손자 두 놈이 나를 좋아해요.(웃음) 그중 큰놈이 나한테 '할아버지 제가 군대에서 배운 게 있어요' 그러대. '뭐냐'고 물었더니 '인생을 사는 데 노력한 만큼, 땀 흘린 만큼 '리워드'(reward·보상)가 있다는 걸 알았습니다' 하대요. 큰놈은 손재주가 있어서 지금 패션 디자인 계통에서 일하고 있어요. 재형이 부부가 두 아들을 살뜰하게 키웠어요. 그건 내가 너무 잘 알지."

분명한 것은 최재형 감사원장과 이소연 여사는 '사람사랑 DNA'가 있다는 것이다.

신앙으로 승화한 「우정 10년」
-나란히 사시 합격한 강명훈-
최재형군의 '짙은 사귐'-

지체부자유아 강(姜)군의 손과 발 되고

친구에 "구김살 없는 마음" 보답 강(姜)군

밤새우며 고뇌(苦惱) 격려하기도

고교―대학 함께 다니며 무르익어

"인간애(人間愛) 실천했을 뿐"

친구끼리인 두 사람이 나란히 사법시험에 합격했다는 것은 그리 대수로울 것이 못된다. 그 두 사람이 유달리 가까운 사이라고 해도 그것이 떠들썩한 얘기 거리가 될 수는 없다. 그런 일은 얼마든지 있었다.

그러나 소아마비로 일어서지도 못하는 강명훈(姜明勳)군(25·서울대 법대 80년졸업)과 강(姜)군을 고등학교 시절부터 업어서 등하교시키며 같이 공부해온 최재형(崔在亨)군(25·서울대법대 79년졸업)이 17일 나란히 사법시험(2차)에 합격하기까지에는 우정이라고 표현하기에는 너무 벅찬 인간애의 고뇌들이 있다.

명훈(明勳)과 재형(在亨)이 처음 만난 것은 명훈(明勳)이 보인중 3년에,

재형(在亨)이 경기고 1년에 재학 중이던 72년 봄이었다.

둘 다 교회에 다니던 이들은 신촌장로교회 청년부에서 만나 신앙에 대한 이야기를 나누면서 가까워졌다.

돌 지나면서 소아마비를 앓아 서지도 못할 정도로 심한 지체부자유아였던 명훈(明勳)은 그러나 성격만은 정상인을 놀라게 할 정도로 건전했고 명랑했다.

학년은 하나 위였으나 나이는 명훈(明勳)과 동갑이었던 재형(在亨)은 지체가 부자유스러우면서도 구김살 없는 명훈(明勳)이가 신기하게까지 느껴졌고, 사지가 자유스러우면서 때로 좌절하기 잘하는 자신이 오히려 부끄러워지기까지 했다.

명훈(明勳)이 고등학교에 진학할 때가 됐다. 재형(在亨)은 몰래 기도했다. 이왕이면 명훈(明勳)이가 자기가 다니는 경기고에 입학해서 같이 도와가며 공부할 수 있도록 해달라고 간절히 빌었다. 명훈(明勳)이가 창천동에, 재형(在亨)이가 동교동에 살았기 때문에 같이 다닐 수 있게 된다는 것에 더욱 마음이 끌렸다.

기도의 덕분이었는지 명훈(明勳)이는 경기고에 추첨이 됐다. 중학교 때까지는 어머니가 업어서 등하교를 시켰지만 이제는 일어설 수도 없는 몸으로 만원버스를 타고 등하교를 해야 하는 명훈(明勳)에게 재형(在

亨)은 스스로 지팡이가 되리라 마음먹었다.

재형(在亨)이로서는 하나님이 자신에게 사랑을 실현할 기회를 주신 것으로 여겨졌다. 다행히 명훈(明勳)이는 학교에서 장학금을 받을 수 있었고 아침에 재형(在亨)이가 오면 같이 택시를 타고 학교 앞까지 갈 수가 있었다.

명훈(明勳)이가 고등학교 2학년 때였다. 하굣길에 신촌 부근에서 내린 둘은 평소와 다름없이 명훈(明勳)이는 양손에 책가방을 들고 재형(在亨)이는 명훈(明勳)이를 업고 집으로 향했다.

차에서 내려 집까지 중간쯤 왔을 때 등 뒤에 업힌 명훈(明勳)이가 갑자기 배가 아프다고 호소하기 시작했다. 주위를 둘러보았으나 공중변소나 화장실이 있을 만한 곳이 없었다.

명훈(明勳)이는 등에서 내려달라고 했지만 재형(在亨)이는 내려놓을 수가 없었다. 우왕좌왕하는 사이에 명훈(明勳)이는 등에 업힌 채로 실례를 하고 말았다.

처음으로 재형(在亨)이는 명훈(明勳)이 우는 걸 보았다. 그 눈물은 다 큰 녀석이 길거리에서 실례했다는 부끄러움에서 나오는 눈물이 아니었다. 그때까지 감추고 스스로 극복하려 했던 신체의 결함이 사소한 곳에서 아픔으로 되살아난 그런 눈물이었다.

그날 밤, 둘이는 명훈(明勳)이 집에서 같이 밤을 새워가며 인간의 육체와 정신을 이야기했다. 그리고 그것을 극복할 수 있으려면 서로 믿는 것 이외에 방법이 없다는 걸 깨달을 수 있었다.

그날 이후 재형(在亨)이는 명훈(明勳)이를 업고 거리를 다닐 때마다 느껴지는 행인들의 눈초리가 전혀 이상하지 않았다. 뚜렷이 자랑스럽지도 않았다. 그저 친구의 지체가 부자유해 좀 도와주기로서니 그게 무슨 이상한 일이냐는 생각을 했을 뿐이다.

열심히 노력한 끝에 재형(在亨)이는 75년에, 명훈(明勳)이는 76년에 서울대 법대에 입학했다.

명훈(明勳)이는 기숙사로 들어갔다. 새로운 친구들도 생겼고 새로운 세계에 눈을 뜨기도 했다. 그러나 눈이 오는 날이면 강의실까지 가기 어려울 것이라며 아침 일찍 찾아와주는 재형(在亨)이를 볼 때마다 명훈(明勳)이는 「사랑」을 보는 것 같은 뭉클한 느낌을 어쩔 수가 없었다.

그때마다 명훈(明勳)이는 성경의 로마서에 나오는 귀절을 외었다. 『…내가 헬라인이나 유다인이나 야만인에게 모두 빚진 자이니라.』

1년 먼저 졸업한 재형(在亨)이는 두번 고시에 응시했으나 낙방했고, 명훈(明勳)이도 한 번 고배를 들었다.

실망하지 않고 서로 격려하며 보낸 1년의 두터운 우정은 인간애로 승화시키면서 이제 둘이는 끝내 나란히 합격했다.

"우리 둘에게 있어 시험에의 합격이라는 현시적인 결과는 별로 문제가 아닙니다. 우리에게는 하나가 다른 사람의 의지(意志)가 되고 기둥이 되는 인간끼리의 관계가 중요합니다. 내가 오늘날 존재한다는 것은, 나를 지탱해준 모든 사람의 뜻이 응집된 것뿐입니다."—담담하게 자신의 느낌을 이야기하는 명훈(明勳)이의 말을 재형(在亨)이가 받았다.

"둘이 같은 길을 갈 수 있게 된 것은 앞으로도 서로 도우라는 하나님의 계시인 것 같아요. 앞으로 저나 명훈(明勳)이나 많은 문제에 부딪치겠지만 훌륭히 극복할 것으로 압니다.

사실 명훈(明勳)이는 다른 사람들이 자기를 보는 눈을 어색하지 않게 받아들일 줄 아는 아량이 있을 뿐아니라 지체가 자유스러운 사람보다 훨씬 넓은, 사랑할 줄 아는 마음이 있으니까요."

〈김효재(金孝在)기자〉 조선일보(1981.06.18.)

[출처 : 조선일보 뉴스 라이브러리]

최재형 전 감사원장이 왜 차기 대통령으로 가장 적임자인가?

저만이 아니고 우파의 많은 분들이 ㅈㄱ사태 등 좌파세력의 내로남불과 반자유민주주의, 사회주의의 정책으로 동방의 등불 코리아가 무색하게 어둠의 나라가 되어가고 있는 현실에 동방의 등불 코리아에 걸맞은 새로운 대통령을 기대했다.

그런데 아쉽게도 안타깝게도 여당, 야당을 막론하고 차기 대선 주자들이 기대에 미치지 못하는 분들이어서 새로운 인물을 기다리는 중 그래도 다른 대선 주자들과 비교해 상대적으로 나은 분으로 보였던 최재형 감사원장이 감사원장을 사퇴하고 차기 대선 출마의 결단을 내리어 반가왔다.

그리고 이후의 행보를 기도하는가운데 지켜보았는데 대선 출마의 결단을 내리고 공식 대선 출마 선언 전 먼저 국민의힘당 입당을 하고 기타 언행을 볼 때에 처음엔 솔직히 점잖기만 한 것 같아 실망감을 가졌었는데 이후에 신중하면서도 독한 면도 좀 보이는 것 같아 다행으로 여기고 더 지켜보았다.

사실 살벌한 정치판에서 점잖기만 하면 감당하기 어려우며 강한 전투력, 투사적 면모도 갖추어야 해 앞으로 최재형 전 감사원장이 이를 구비한다면 차기 대통령으로 손색이 없을 것이다.

또 북한은 더 거칠고 악랄해 남북관계에서 이 북한을 잘 다루기위해서라도 강한 리더십(지도력)이 차기 대통령으로서 필요조건이 아닐 수 없는데 최재형 전 감사원장은 국회 법사위에 출석해 답변할 때에 뚝심, 강단이 있음을 보여주었었다.

참고로 성경말씀에도 예수님이 말씀하시기를 "너희는 뱀 같이 지혜롭고 비둘기 같이 순결하라"(마 10:16)고 했다.

그리고 최재형 전 감사원장은 부친이 6. 25 당시 유명한 첫 해전 승리(백두산함 대한해협 승전) 등 혁혁한 전공으로 전쟁 영웅인 최영섭 예비역 대령으로 일 년 내내 자택에 태극기를 걸어놓았다고 하며 가족모임에서 애국가 제창 등을 빼놓치않고 한 집안 배경으로 국가관, 사상에서 타 차기 대선 주자들을 압도한다.

그리고 부친과 더불어 기독교 집안으로 교회 장로님이어서 만일 차기 대통령이 되면 북한의 인권의 실상에 눈을 감는 좌파세력들과 전혀 다른 북한주민들의 인권을 중시해 대북정책을 펼칠 것이 기대된다.

그리고 전 감사원장이면서 교회 장로인 최재형은 미담 제조기란 별명이 신뢰를 갖게 한다.

두 자녀를 입양해 잘 키웠는데 입양사실을 처음부터 두 자녀가 알게 해 성장 후에 받을 정신적 충격을 예방하는 세심한 방법 등으로 키웠다고 하며 또 경기고에 전설처럼 내려오는 이야기, 미담의 주인공이라는 사실인데 최재형 전 감사원장이 경기고 학창시절에 교회 장애인 친구를 2년 동안 등하교시 업어 도왔다고 하며 또 서울대 법대에 각각 입학 (1975년 최 감사원장, 1976년 친구) 후에도 이 친구의 등하교를 도왔다고 하며 1981년 사법시험에 함께 합격하고 사법연수원에 출퇴근할 때도 친구를 업고 다녔다고 한다.

그래서 위 여러 사실로 볼 때에 최재형 전 감사원장은 반듯한 분이시며 과단성과 정의롭고 애국적인 분으로 현 차기 대선 주자들 중에서 가장 돋보이는 인물, 대통령감으로 평하고 싶다.

※ 아래 글은 최재형 감사원장이 차기 대선 출마 결단을 내리기전에 제가 쓴 다른 글인데 이 글을 쓴 후 며칠 후에 최재형 감사원장이 감사원장 사퇴 후 차기 대선 출마 결단을 내렸으며 또 며칠 후에 최재형 장로의 부친인 최영섭 예비역 대령이 소천 하시었는데 임종 전 아들인 최재형 장로에게 대한민국을 밝혀라 소신껏 하라고 유언을 남겼다고 한다.

최재형 현 감사원장의 대권 출사표 결단을 바라는 이유와 최재형 장로님을 위한 기도

(반대하는 부친을 위한 기도도 포함.)

최재형 감사원장의 차기 대선 출마에 부친의 만류 이유인 정치판 아사리판 맞으나 워낙 나라가 위기여서 소승적으로 가문만 생각할 것이 아니라 대승적으로 나라를 더 생각하고 살신성인해야 할 때이다.

최재형 감사원장은 기독교인이어서 한국 국민의 비율에 기독교인들의 인구가 가장 많아 더욱 기대하고 있음을 알아야 할 것이다.

만일 나라가 우려대로 공산화 된다면 아무리 명문가문도 소용없다. 공멸한다는 사실이다.

그래서 최재형 감사원장은 대권에 출사표의 결단을 내려야만 한다.

즉 국민의 요구에 부응해야 하며 국민의 부름을 사양해서는 안 된다.

강단, 소신과 기독교적 신앙과 가치관, 국가관, 안보관, 훌륭한 미담 등으로 대통령 적임자인 최재형 현 감사원장을 위해 기도하자!

그리고 만일 대권 출사표 결단을 내린다면 제 2의 황ㄱㅇ이 되지 않고 여당에 호기롭게 강력히 맞설 수 있기를 기도한다.

그리고 반드시 대권 도전이 성공하기를 기대한다.

최재형 장로님에게 하나님께서 함께 하시사 반드시 대선에서 승리하기를 축복기도 한다.

최재형 장로님! 파이팅! 이 최재형 장로님을 위해 중보기도 하자!

가족들 중에 최재형 장로님의 부친이 유일하게 둘째 아들(최재형)의 대선 출마를 반대하고 있는데 하나님! 이 부친(최영섭 예비역 해군대령, 6. 26 전쟁의 해전영웅으로 유명)의 마음을 돌이켜 주옵소서! 」

연정두 (찬미교회 목사) 2021년 7월 29일